実話奇談

異怪ノ門

伊山亮吉

竹書房
怪談
文庫

まえがき

僕は幼少期からずっと怖い話が好きでした。

ひねくれた子どもで、どんなに記憶を遡《さかのぼ》ってもサンタクロースを信じた時期などなかったのにもかかわらず、幽霊の話はすんなりと信じていたのです。

それは僕自身が幼少期から奇妙な体験をしていたことで、【この世の中には理屈では説明できない現象がある】ということを無自覚に感じていたからではないか、といまなら思えます。

成人しても怖い話好きはまったく変わらず、もともと人見知りでコミュ症気味だった僕ですが、次第に怪談を通じて人とコミュニケーションを取るようになりました。

そして怪談家のぁみさんに出会い、たくさんの怪談の仕事をいただくようになり、二〇二二年には怪談最恐戦という怪談の大会で優勝することができました。

いつしか怪談は僕にとって幼少期からの娯楽からコミュニケーションツール、そして仕事になり、ライフワークとなったのです。

この本には僕がいままでの人生で出会った方から聞いて、「こわい」「興味深い」と感じた【理屈では説明できない現象】の数々が収められています。

何かをキッカケに突然に日常が変わってしまう。

まるでいきなり異世界に放り出されてしまった、そのような体験の数々。

いったい何がそのような現象のトリガーになり得るのか、僕にはいまだにわかりません。

この本を手に取ってくださった皆様。

あなたが異怪ノ門を開いてしまうのは、明日かもしれません。

伊山亮吉

目次

お菓子の家

二〇二三年の一月ごろに聞かせていただいたお話である。

僕の地元にTという女友だちが住んでいるのだが、ある日彼女から「私の妹、伊山のYouTube見てるらしくて、妹に会ってやってくれない？」と言われたので会いに行ってみた。

その子はサトノといって、二十歳になりたての若い女の子だった。

「怪談好きと聞いたけど自分の体験談とかあるの？」と聞いてみると、

「伊山さんに会ったらぜひ聞いて欲しかった話があるんです」と話してくれた。

サトノは幼少期にイジメを受けていて、母は彼女を守るために「小学校四年生まで外で友だちと遊んではいけない」というルールをつくったという。

当初は真面目に守っていたサトノだったが、やはり子ども。遊び盛りの小学校三年生のときには、どうしても外で友だちと遊びたくなった。

そこで考えたのが、「学校からの帰り道に友だちと遊ぶ」という手だ。帰り道が同じ方向の友だちと、あまり遅くならない程度まで林などで追いかけっこする。

友だちと遊べる時間はこのときしかなかった。

その遊びによく付き合ってくれたのが、同じクラスの女の子であるA子だった。

ある日のこと。

放課後、A子と一緒に帰り、近所の林でいつも通り追いかけっこをしていた。

林を駆け回っていると、妙なものを見つけた。

「なんだろう、あれ」

林の先は急斜面の登り坂のようになっている。

その急斜面のなかにボコッと大きな穴が空いていた。

「どうしたの？」とA子もやってきて、同じように穴に気づく。

気になって二人で穴のなかを覗いてみると、ボロボロに朽ちかけた木製の階段が下まで続いていた。

「降りてみようよ」

A子にそう促《うなが》され、二人で降りることにした。

階段は崩れそうなので使わず、横を滑るようにして降りた。


なかに入ると、そこはとても奇妙な空間だった。

六畳ほどの空間で、天井もそこそこ高い。

そして空間の中央に〝お菓子の家〟があった。

文字通り、お菓子でできた家だ。

大人ひとりが入ったら窮屈になるくらいの大きさである。

壁はクッキーでできており、外装も内装も、ありとあらゆるお菓子でつくられている。

直感的に、この家はすべて食べられる物でできているとわかった。

この空間に明かりはないにもかかわらず、このお菓子の家だけが明るく照らされているかのように見えた。

なにこれ……とサトノが呆然としていると、A子が「食べようよ！」と促してくる。

そしてそのまま、A子はバクバクとそのお菓子の家を食べはじめた。

それを見たサトノもゆっくりお菓子の家に近づき、家の壁を構成していたクッキーをぺりっと剥《は》がした。

いまで言う、アメリカのお菓子のようなカラフルな色だった。

そのクッキーを恐る恐る齧《かじ》ってみると、すごく美味《おい》しくてビックリした。

ただ、食べてすぐに「お菓子の家を食べるのは良くないことなのではないか」とも思った。

というのも、サトノは幼少期から外で友だちと遊ぶのを禁じられていたために、家のなかで絵本をたくさん読んでいた。そのなかにあった童話『ヘンゼルとグレーテル』に、悪い魔女が子どもたちを食べるためにお菓子の家におびき寄せる話が描かれていて、お菓子の家というものに不信感があったのだ。

サトノが「もう帰らない？」とA子に言ってみるも、A子は無我夢中で家を食べ続けている。

どうしよう……と、サトノが振り返って自分たちが降りてきた穴を見た瞬間――。

白いモヤのようなものが自分の視界いっぱいに広がった。

「えっ……？」

一瞬、何が起きたがわからなかったが、数秒後にはスゥっとモヤが晴れていき、なぜかサトノは自分の家の前にいた。


一瞬で自分が居た場所が変わり、軽くパニックになる。

「穴に入ったのは夢だったの？」とも思ったが、自分の手を見ると食べかけのカラフルなクッキーをまだ持ったままだった。

気味が悪くなり、すぐにそのクッキーを地面に投げ捨てる。

ただ、投げ捨てたと同時に「でもあのクッキーがあれば今日の出来事の証拠になる」と思い、改めて拾おうとしたが、いつの間にか投げ捨てたクッキーは忽然と姿を消してしまった。


次に考えたのはA子の安否である。

あの子は無事に家に戻れたのかな？　と考えたときにゾッとした。

――顔と名前が、思い出せない。

同じクラスということは覚えている。

家も近所で、よく帰り道に一緒に遊ぶ友だちだ。なんなら、その日の服装まで覚えている。

ただ、なぜかそのA子の顔と名前がいっこうに思い出せないのだ。

サトノの家は目の前だが、いったん帰ってしまうとその日はもう外に出られなくなってしまう。そこで、家には帰らずに近所の別の友だちの家に行った。

「ねえ、私がいつも一緒に帰ってる女の子って、誰だっけ？」

奇妙な質問だとわかりつつ、友だちに聞いてみる。

「一緒に帰ってる？　サトノはいつもひとりで帰ってるよ。そんな子なんて見たことない」とその子は言った。

そのまま帰ってきたサトノだったが、このことは家族に相談できなかった。

帰り道とはいえ、友だちと外で遊んでいる状況での話だからだ。怒られると思って言えなかった。

翌日、学校に行くとやはりA子の姿は無い。そのうえ、どこの席に座っていたのかも思い出せない。

それ以来、ずっとそのままだという。

「私は小学校の三年生のときに親友をひとり、失ったんです。でもその子の名前も顔もいまだに思い出せない……」

そう、サトノは寂しそうにつぶやいた。


この話を聞いたとき、僕はA子が異世界に飛ばされてしまったのではないか、と思った。

お菓子の家を食べたことをトリガーにして。

ただ、ここで疑問なのはサトノである。

サトノもクッキーは食べているのだ。

腑《ふ》に落ちない点を感じつつも「そのことをもう家族には話したの?」と聞いたところ
――。

「はい。ただ、おかしいんですよね……。母は私に〝小学校四年生まで外で友だちと遊んじゃダメ〃なんて言った覚えがないと言うんです。私はずっと、そのルールを守っていたのに」

それを聞いて腑に落ちた。

異世界に飛ばされたのは、サトノもなのではないか。

もといた世界とこの世界が違うから、記憶が噛み合わないのではないか——。

例の穴はしばらくそのままあったそうだが、なかにお菓子の家は無く、その穴自体もいつの間にか埋まってしまったそうだ。

存在しない記憶

二〇二三年の一月に地元のTという女友だちの家で、彼女の妹のサトノから「お菓子の家」のお話を聞かせてもらった。その話の続けざまに話してくれた、同じく小学校三年生の頃の出来事だ。

サトノの友だちのひとりが、当時犬を飼っており、近くの林によく犬を散歩に連れて行っていた。その林が、「お菓子の家」に登場する林と同じかどうかはわからない。

放課後になるといつも、その友だちが林に犬を連れて行くルーティンになっていた。

ある日、いつものように犬を連れて散歩に行くと、周囲に違和感を覚えた。

林のなかに、見たこともない小道を見つけたのだ。

何度も来ている場所なので、いつも見落としていたなどあり得ない。

こんなところに道なんかあったっけな？
そう思いつつ、興味本位で犬を連れてその小道に入っていった。
しばらく奥に進むと、洋風の小屋のような家があった。
なにこの家……？
そう思いながらよく見ると——
家のなか、窓からおじさんがこちらを見ているのだわかった。
感情の読めない顔で、おじさんはずっと見てくる。
友だちもそのおじさんをずっと見続けた。
すると、そのおじさんはおもむろに玄関から外に出てくるなり、
「そんなに見てるなら入りなよ」
そう声をかけてきた。
友だちは「わかった」と言って、そのまま小屋に入った。
小屋のなかは、外観と同じく洋風な雰囲気でオシャレだった。
ただ、床にひとつ、ダンボールが無造作に置かれている。

これだけが妙に異質で気になったそうだ。

なんだろう、これ？

と見ていると、おじさんがまた言う。

「そんなに気になるなら見てごらん？」

促されるがまま、友だちはダンボールのなかを覗いた。

「えっ？」

びっくりして思わず声が出てしまった。

――キリンがいる。

箱のなかには、生きている小さいキリンがたくさんいたというのだ。

驚きと同時に、子どもであるからか、
キリンって、小さいのもいるんだ……。

そう思ったという。するとおじさんが、「もう帰りな」と言ったので、促されるままに友だちは素直に犬を連れて家に帰った。

その後、彼女は林の奥の小屋で箱のなかに入ったたくさんの小さなキリンを見たことを家族に聞かせた。しかし、誰も信じてくれなかった。翌日に学校で友だちにしゃべっても、誰ひとりとして信じてくれない。

じゃあ、もう一回行けばいいんだ。

そう思って、後日またその林に行って小道を探すも、その小道はどこにもなかった。

あの家もどこにも存在しない。もう行けない場所になってしまった。

サトノの友だちの、そんな体験談を聞かせてもらった。

＊

前述したように、この小屋があった林と「お菓子の家」が見つかった穴があった林が同じかどうかはわからない。

ただ、やはり林という共通項が気になった僕は後日、ＬＩＮＥでサトノに「あの小さいキリンの話なんだけどさ、あの話に出てくる林って、もしかしてお菓子の家の話と同じ林？」と聞いてみた。

すると、サトノから「なんですかその話？」と来た。

「いや、これこれこういう話だよ」と、あらすじをまとめて送っても、「私、そんな話知りません」との返事。

「家でしゃべってくれたでしょ？」と送っても、「あの日に私がそれをしゃべってないですし、ほかの人がその話をした記憶もない」とのこと。

つまり、小さいキリンの話なんて話したり、聞いたりした覚えもない、知らない。というのである。

しかし僕には、サトノから聞いたという明確な記憶があったので、確認のためにその日にTの家にいたメンバー全員に確認を取ってみた。

ただ、妙なことにみんな「お菓子の家の話は覚えてるけど、小さいキリンの話は聞いた覚えがない」と言うのだ。

どういうことかと思い、そのこともまたサトノに連絡したら、彼女も不思議がっていた。

その後、「ちょっと聞いてみます。調べてみます」とのメッセージが来た。

怪談が好きなサトノは、昔から友だちにたくさん怪談を話している。そういったいろいろな友だちに「私から小さいキリンの話を聞いたことある?」と聞いてくれたのだ。

すると、その後に「伊山さん、ひとりだけ私から小さいキリンの話を聞いたことがあるって人がいました」と連絡が来た。

その友だちに関しては、サトノからもう二度もその話を聞いているらしい。

どちらもお菓子の家の話をしてから続けざまに話していたという。

ただ、サトノはそれを覚えてないそうだ。そんな話、やっぱり知らないと。

後日、僕はサトノから小さいキリンの話を聞いたことあるという友だちに会いに行った。

お互いが聞いた話を擦り合わせると、細部は微妙に違っていたものの、ほとんどの部分が符号していた。

ということはあの日、やはりサトノは僕にその話をしてくれたのだ。

しかしなぜか不思議なことに、話したサトノ本人はおろか、僕以外の全員がその話を忘れてしまっている。

いったいどうしてこのような不可思議が起きたのか。いろいろ考えを巡らすうちに、ひとつの答えが浮かんだ。

小さいキリンを見た友だちとは、もしかするとA子なのではないか。

お菓子の家を食べたその後にいなくなり、顔も名前も忘れられ、存在も消えてしまった、あのA子なのではないだろうか。

サトノいわく、A子ちゃんとの思い出はどんどん薄れてしまうそうだ。

キリンの話は、お菓子の家の話をした瞬間にだけ思い出が蘇って話せるけれど、話し終わったら忘れてしまう――そんな話なのかもしれない。

どちらにせよ、なぜその話を聞いて覚えていられる人と、覚えられない人がいるのか、そこはいまだわからないままだ。

黒い少年

「怖いというよりかは、いまだに不思議でモヤモヤしている」

僕が通っている飲み屋のオーナーの方からお聞きした話である。

オーナーは歌舞伎町で七店舗くらい経営されている三十七歳の小碌《ころく》さんという男性だ。モヤモヤするような体験とは何か、教えていただいた。

いまから三十年前、小碌さんが七歳頃の話である。

あるとき小碌さんの二つ下の弟が風邪を引いた。けっこう厄介な風邪で、数日は熱が下がらず、二階の和室で寝込んでいた。

晩御飯の時間になったので小碌さんが一階から、下のダイニングまで食べに降りられるか聞きに起こしに行った。

和室の襖《ふすま》を開けようとしたら、違和感を覚えた。

開かないのだ。

何かが引っかかっているのか、力を込めても開かない。

どうしようと思っていると、部屋のなかから弟の苦しそうな呻《うめ》き声が聞こえてきた。

うなされているのだろうか。心配になるが、いっこうに襖は開かない。

小篠さんは力の限り思いきり襖を開けようとした。

すると、わずか数センチだけ開いた。

そこから和室のなかを覗くと、ギョッとした。

弟がひどくうなされている。そのすぐ横に、なんと黒人の男の子が正座をして弟を覗き込んでいるのだ。

なにが起きてるんだ……。

そう思っていると、黒人の男の子が立ち上がって、そのまま部屋の窓のほうに移動して、窓をすり抜けて出て行った。

そして姿が鯉に変わり、空に消えていった。

その瞬間、さっきまでびくともしなかった襖が開けられるようになった。

「僕はすごく怖かったんです。

ただ、この話を誰かにしゃべっても、黒人の男の子という部分だったり、鯉に変わったりといった部分のせいで、あんまりみんな怖がってくれないんですよね。

でも、いまだにあれが不思議でモヤモヤしてるんです」

そのあと、小碌さんが「関係あるかわからないんですけど」と前置きしたうえで、弟が風邪を引いた理由を教えてくれた。

なんでも、この出来事の数日前に家族で戦没者霊園に行ったそうだ。

そこには大きな池があり、弟が足を滑らせてそこに落ちてしまった。

すぐに助け出されたものの、突然人が入ってきたため、池の鯉がとても驚いたらしい。

びしょ濡れになった弟はそのまま風邪を引いた。

「だから、鯉ってその戦没者霊園の鯉だったのかなぁ」

僕がこの話を聞いたとき、あまり考えたくない可能性が浮かんでしまった。

「小碌さん……。戦没者の霊を連れ帰ったとするなら、その男の子って黒人だったたんじゃなく、黒焦げだったんじゃないですか?」

そう僕が言った瞬間、彼はハッと顔色を変えた。

「三十年来のモヤモヤが、やっと解けた気がしました」

成功の理由

僕は現在、新宿・歌舞伎町にある怪談ライブBAR「スリラーナイト」というお店に怪談師として勤めている。

ご来店されるお客様は職業も年齢もさまざまで、そんなお客様と世間話をしたり、怪談をお持ちのお客様とは怪談を語り合ったりするのがとても楽しい。

ある日のこと、四十代の建設会社の社長さんがお店に初めて来店された。仮にこの方をKさんとする。

このKさん、大変怪談好きな方であるばかりか、僕と共通の知り合いがいることがわかって、大いに盛り上がった。

会話の流れで「仕事で成功される秘訣とかありますか?」という、いま考えると少し無粋な質問をしたが、この問いに対する答えが、奇《く》しくも怪談だった。

いまでこそ社員を多数抱える会社の社長であるKさんだが、若い頃は大変な不良だったそうだ。

あるとき、度重なる犯罪行為を見かねた父親から勘当されて実家を追い出された。

ほかに行くあてもなかったKさんは、実家から歩いて五分ほどの団地に住みはじめた。

ある夏の夜のこと。

ひとり、部屋のなかでぼーっとしていると、突然ゾワッと寒気がした。奇妙な悪寒が全身を走る。

熱帯夜なのにおかしい……。思わず窓を閉めきっても、寒気が止まらない。

すると突然、〝怖くなった〟らしい。

何かを見たわけでも聞いたわけでもない。寒気とは別に、ただ何かを感じて急に怖くなった。

自分でも理由がわからないという。

途端《とたん》にいまここにいてはマズいと思った。団地の部屋にいたくなくなり、実家に逃げようと思った。

ただ、いきなり帰ると父親に怒られると思ったので、携帯電話で実家に一本電話を入れようとした。

しかし、おかしい。

直接番号を打ち込んで実家に電話をかけようとしたのだが、最後の番号だけが押すことができない。

指が絶対にその数字に行ってくれないのだ。

何度試してもダメだった。電話をかけられない。

ならばと思い、電話帳から検索してそこから実家にかけようとしたものの、最後の発信ボタンが押せない。

そのうち、どんどん悪寒はひどくなって、妙な怖さも増してくる。

もういい、このまま実家に帰ろうと、そのまま玄関を飛び出て駆け出した。

実家に着き、何度も玄関のドアを叩いていると、母親が出てくれた。

びっくりした顔で「どうしたの？」と聞いてくる。

「事情はあとで詳しく説明するんだけどさ、いま自分の部屋にいたくないからとりあえず入れてくれないか！」

そう言うと、母はなんの事情も聞かないまま家に入れてくれた。何があろうと、自分の息子には変わりないのだ。母は優しい。

しかし、そのまま和室に入ってくつろいでいると、父親が和室に入ってきて、Kさんを見るなり激怒した。

「おまえ！　なんでこの家にいるんだ！」

そのまま事情も聞かずにボコスカとKさんを殴ってから、玄関から外に放り出した。

「二度と顔を見せにくるな！」

そう言われてピシャッと玄関を閉められたのだが、Kさんはたとえもう一度父親から殴られてでも団地の部屋に帰るのは嫌だった。

もう一度、玄関に向かおうとすると、おかしい事態に気がついた。

足がもつれて歩けないのだ。玄関に向かうことができない。

これもまた何度試しても一緒だった。今度はすぐ目の前にある玄関まで歩くことができない。

それでも、どうしても実家に戻りたいKさんは、そのまま倒れて這いながら玄関に向かった。

やがて玄関までたどり着き、這いつくばった状態で「頼むからこの家に一晩いさせてくれ！」と懇願した。すると、その姿を見た父親が、

「おまえ、いったいなにがあった……？」と、やっと話を聞いてくれるようになった。

突然の悪寒や電話の件など、Kさんはすべての事情を話すと、父親は、

「おまえの事情はわかった。それでもなお、この家にいることは許さない。代わりに俺と母さんがおまえの家に行って塩を撒いてやる。効くかはわからないが、この家の神棚も持っていくし犬も連れていく。それで勘弁してくれないか」と、ある程度の譲歩は示してくれた。

「わかった。じゃあ、それでお願い」と言って、Kさんは両親と犬を連れて団地の部屋に戻った。

部屋に入るなり父親は塩を撒き、神棚を置いて、犬をしばらく歩かせる。犬はとくに

吠えたりはしなかった。

「じゃあ、もう帰るぞ」と、父親が犬を連れて帰る。

母親も「私ももう帰るね」と言うので、Kさん慌てて引き留めた。

「もうちょっといてくれない？　あ、そうだ。じゃあ俺の携帯で彼女呼んでくれるかな。で、彼女がくるまでここにいてくれない？」

「別にいいけど……なんで私が呼ぶの？」

「実家でも言ったけど、いまおれ誰かに電話かけられないんだ」

仕方なく母親が電話をかけ、彼女を呼ぶことになった。

そのあたりからKさんは、記憶がおぼろげであまり覚えてないという。

ここからは、現場に居合わせた母親からKさんがのちに聞いたことを交えて記す。


母親が電話をかけたあと、Kさんは壁にもたれかかって座っていた。

そこまではなんとなく覚えているという。

問題はその後――Kさんは、自ら頭を壁に激しく打ちつけはじめたのだ。

ガンッ！　ガンッ！　ガンッ！

「あんた何やってんの！」と母親が怒鳴っても、Kさんは止まらず、そのままずっと壁に頭を打ちつけ続ける。

次に、Kさんはお経を唱えはじめた。

母親いわく、完璧なお経だったそうだ。もちろん、お経を知らないKさんが読経なんてできるわけがない。それでも、お経を唱えながら壁に頭を打ちつけ続けていた。

この頭の動きは、どうやら木魚のリズムのようだった。

「あんた、ほんとに何やってんのよ……！」そう母親が言ったときに彼女がやってきた。

彼女はそのあまりに異様な光景を見て唖然としている。

「これ、何やってるんですか……？」

「わかんないの！」

そのとき、Kさんが読経の合間に「たすけて」と言った。

おそらく完全に意識がなくなっているわけではないのだ。それでもお経を止められず、頭を打ちつけるのも止めることもできない。

それを見た母親が「あんた！　しっかりしなさい！」とKさんの顔を思いきり叩こうとしたところ、突然ピタッとお経と動きを止めてKさんが言った。

「○○、あんたは姉を殴るんか」
○○というのは母親の名前だ。母親の姉というのはとっくの昔に亡くなっている。
「○○、あんたは姉を殴るんか！」とKさんが再度言ってくる。

母親はびっくりして「変なこと言うのはやめなさい！」と言うと、

「○○、あんたは昔からこれこれこういう子どもで、こういうことしていたよな。で、こういうこともして、こういうこともあったよな」と、実の姉しか知らないことをたくさん話すのだ。

それを聞いて母親は確信した。いましゃべっているのは姉本人だと。

そのまま膝から崩れ落ちて「私の息子を……返して！」と言うと、

「いいか、○○。この子が身につけているか、家に置いてある高価な物は、全部盗品だ。もしくは悪いことをして稼いだ金で買ったもんだ。だから○○。それらを集めて全部川に流しなさい。大丈夫、この子はきっと上手くやれる。私にはわかる。ちゃんと成功できる子だから。でも、もしまた悪いことをするようなら、あたしはこの子、連れていくよ」

そう言って、Kさんは倒れた。

その後、母親と彼女で部屋にあった高価な物をひと通り集めてから、Kさんを二人で抱えながら川に向かった。

そして川に物を流すと、Kさんの口から白い煙みたいなものがブワァっと出て、天に昇っていった。

Kさんの意識が戻ったのは実家のベッドの上。そこで、事のあらましをすべて母親から聞いたという。

「だからね、伊山君。僕はしっかり真っ当に生きて、欲張らず、みんなのために生きようと努めているだけなんだ。だって、もし悪いことをまたしてしまったら、きっとおばさんにあの世に連れて行かれてしまうから」

――仕事で成功される秘訣とかありますか？　この問いに対する、Kさんなりの成功の理由とは、壮絶な怪異体験によるものだったのだ。

地球岬

二〇二三年九月に聞いた話である。

僕が働いているスリラーナイトというお店は、歌舞伎町という街柄、ホストの方もお客様として来店されることも多い。

かのんさんというホストの方が深夜三時ごろに来店された。

お店に来るのは二回目。なんでも昔から霊感が強くて人のオーラやこの世ならざる者を見ることがあるという。

かのんさんは前職の職場で同僚からとても怖い話を聞いたのだという。

ただ、なぜそれが怖いのか上手く説明できないらしく、その話をいろいろな人に話したところ、自分と同じようにとても怖がるか、まったく怖がらないかのどちらかに分かれるそうだ。中間の反応がないらしい。

そんな話を「伊山さんはこの話、どう感じますか?」と話してくれた。

北海道出身のかのんさんの前職は保育士だった。

あるとき、同僚の女性A子さんが、室蘭《むろらん》にある「地球岬」というところに友だちと行った。

この地球岬、海際にあって「北海道の自然一〇〇選」で、一位に選ばれたこともあるほどの景勝地なのだが、飛び降りの場所としても有名で、夜は大変な心霊スポットとも噂されている。

A子さんは怖い気持ちもあったが、絶景を見てみたいという思いのほうが強く、二人で地球岬へ行った。

着いてみると、日中は明るく青空も海も綺麗で、とても爽やかな場所だった。まったく怖さはない。

展望台をのぼっていると、途中で親子連れが降りてきてすれ違った。

親子とすれ違ったことで、ますます怖さは薄れた。

ここは家族でも来られる素敵な場所なんだ、と。

階段を上がりきると、太平洋が一望できる素晴らしい景色が広がっていた。

「来てよかった！」

絶景に感動したA子さんは、セルフィーでこの海をバックに写真を撮ることにした。

カシャっとカメラ音が鳴り、写真を確認すると――

自分の後ろに、先ほどすれ違った親子が、無表情でピースをして立っていた。

「えっ」と驚き振り返るも、後ろには誰もいない。

だが、写真にはしっかりとその親子が写っている。

A子さんは気持ち悪くなって、すぐにその写真を消してしまった。

この話を聞いたかのんさんは、そこまで怖い描写があるわけではないにもかかわらず、なぜか鳥肌が止まらなくなったそうだ。

「伊山さんは聞いてどうでしたか？」と言われたが、僕もなぜか鳥肌が止まらなくなっていた。
だが、なぜかは僕も説明できなかった。

赤い子ども

僕は常日頃から人に会うと、つい「怖い体験ありませんか?」と聞いたり、求められてもいないのにノンストップで怪談をしゃべり続けたりしてしまう。

そんな怪談がコミュニケーションの人間である僕は、劇場の喫煙所でも怪談を聞いたりもする。

数年前のある日のこと。

自分の出番が終わり、劇場の喫煙所でタバコを吸っていると、若手舞台監督の関根さんという方が話しかけてきた。

「伊山さん、いつも怪談を集めたりしゃべったりしてますよね。僕の話も聞いてくれませんか?」

と言うので、「どうしたんですか?」と聞くと「この前、怖い夢を見たんです」と。

それを聞いて、じつは困った。

たとえどんなにその話が怖くても、夢は夢。霊体験というわけではないと思ったからだ。それを正直に関根さんに伝えると、

「最後まで聞いてください」と、ただの夢の話ではないことを匂わせつつ話しはじめた。


ある夏の夜、劇場の仕事が長引いてしまい、終電で帰れなくなってしまった。

ネットカフェに泊まるかタクシーで帰るか迷う。疲れていて汗もかいており、シャワーも浴びたい。なので、多少お金を出してでもタクシーに乗って家に帰った。

深夜、タクシーを飛ばしてアパートに帰宅した。

玄関のドアを開けると、真夏だったのでモアアっと熱気が籠《こも》っている。

涼しくしようとクーラーをつけ、そのままソファに座り込むと、疲労が溜まっていたのか、立ち上がる気力がなくなってしまった。

クーラーで部屋がどんどん涼しくなっていくにつれて、眠気も襲ってくる。

ああ、どうしよう、歯も磨きたいしシャワーも浴びたいのに眠い。立てない。どうし

よう、どうしよう。

そう考えてるうちに「もういいや、このまま寝ちゃおう」と、ソファに座ったまま寝てしまった。


すると妙な夢を見た。

自分が住宅地にいるのだが、世界が赤一色。

いろんな人が自分の周囲を行き交っているのだけど、誰もその真っ赤な世界について疑問に思っていないようすだ。

なんだこれ？

戸惑いながら歩いていると、公園に着いた。

見ると、子どもがたくさん遊んでいる。

やはりこの子どもたちも、真っ赤な世界について何も疑問を持っていない。

すると、ひとりの子どもが突然、こちらをパッと見て、

「あそぼ！　あそぼ！　あそぼ！」

と言いながら近寄ってきた。

関根さんはギョッとした。

なぜならその子、真っ赤な世界にいてもはっきりとわかるぐらい、血だらけだったからだ。

「あそぼ！　あそぼ！　あそぼ！」

その子どもが自分に向かってどんどん駆け寄ってくる。

怖くて動けなくなった。

「あそぼ！　あそぼ！　あそぼ！」

近づいてきた子どもは、やがて関根さんのことをギューと抱きしめた。

その瞬間、パチっと目が覚めた。


起きたはいいものの、とても不思議な感覚があった。

意識が途切れていないと言えばいいだろうか、夢から覚めたという感じはしない。

さっきまで真っ赤な世界にいて、急に部屋に戻ったような妙な現実感がある。

なんだったんだ、あれ？

そう思っていると、途端に身体がグッと動かなくなった。

ソファに座った状態で金縛りに遭ったのだ。

動けない……と思い焦っていると、玄関の鍵を閉めたはずなのに、ドアがガチャッと開く音がする。

音の方向を見ようとしても、金縛りだから動けない。

そうしているうちに、小さな足音がトットットットッとやってくる。

直感で、あの夢の子どもだと気がついた。

必死に心のなかで、

（ごめん！　遊べない！　遊べない、遊べないから！）

必死でそう念じていると、足音はゆっくりと玄関のほうに戻っていき、ガチャンとドアが閉まった。

その瞬間、金縛りが解けた。


「こんな夢を見たんです」

関根さんの話を聞いて、僕はとても驚いた。

なぜなら、その日の三日前に開かれた別の怪談ライブで、来ていた女性のお客様から

「伊山さん、聞いてください」と話しかけられて体験談を聞いたのだが——。

「私この前、変な夢見たんです」

実家暮らしのその女性がある夜、自室のベッドで寝ていたら——

「妙な夢を見たんですよ。自分が、真っ赤な世界の、病院にいる」

なんだろう、これ？

疑問に思い見回すけれど、病院にはたくさんの人がいるのに誰も真っ赤な世界について疑問に思っていない。

すると突然、廊下の奥から血だらけの子どもが出てきた。

そしてこちらに向かって、

「あそぼ！　あそぼ！　あそぼ！」

と言いながら走ってくる。

怖くて動けずにいると、どんどん近寄ってくる。

「あそぼ！　あそぼ！　あそぼ！」

そしてその子どもに、ギュッと手を握られた。

「その瞬間、目が覚めたんです。ただ、目が覚めたらおかしなことに気づいて……」

自分はいつも仰向けで寝ているのに、その晩は目が覚めると、うつ伏せになっていた。

ついさっきまで誰かと手をつないでいた。そんな体勢のようにも思えた。

なんだろうと思ったとき、身体が動かなくなっていた。金縛りだ。

動けない……！

すると、自分の部屋のドアがガチャと開く音がする。

そして、トットットッと足音がする。

あぁ、さっきの子どもだ……！

そう気づいた女性が、

(ごめん、遊べない、遊べない、遊べない、遊べないの！)

そう必死に念じていると、そのままゆっくりと踵《きびす》を返して戻っていった。


「こんな夢、見たんです」

つい三日前にその女性が僕に教えてくれたのだ。

もちろんこの二人は、まったく縁もゆかりもない。だから、どういう状況や条件があれば、こんな夢を見ることになるのかわからない。

でも、もしかしたら――。

わからないからこそ、その夢、今夜にでも自分が見るかもしれない。


余談になるが、この話を僕から聞き、「自分も似たような体験をしたことがある」と言った方に二〇二二年にも出会っている。

鈴木さんという、埼玉県出身の若い男性である。

小学六年生の頃、学校を終えて帰宅すると家に誰もいなかった。

そのまま家で昼寝をしていると、鈴木さんは妙な夢を見た。


自分が真っ赤な世界の住宅地にいる。

よく周りを見渡せば、見覚えのある近所だった。

(帰らないと……)

直感的にそう思い、家に向かおうとすると、道の先におかっぱ頭の女の子が立っていた。トイレの花子さんのようなおかっぱ頭が印象的な子だ。

ただ、なぜか顔だけが闇のように真っ暗で見えない。

その子が「あそぼ！　あそぼ！　あそぼ！」と向かってきた。

ギョッとして逃げようとすると、夢のなかであるせいなのか、上手く走ることができない。

それでも走り続けると、そのまま足がもつれて転んでしまった。

なんとか必死に四つん這いで逃げようとするも、ついに女の子に追いつかれ「つかまえた！」と抱きしめられた。

と、同時に目を覚ましたという。

鈴木さんからこの話を聞いた僕は、

「その後、その夢の女の子は現実の家に来ましたか？」

と聞いたのだが、「起きた直後の記憶がない」そうだ。さらに鈴木さんによれば、

「この夢を十代の終わり頃まで年に二、三回は見ていた。そのすべてにおいて起きた直後の記憶がない」らしい。

ひょっとして鈴木さん、起きた直後に現実にやってきたその女の子と遊んでたんじゃないかな、と僕は思った。

遊んでくれるから、十代の終わり頃まで年に二回も三回も、その女の子も夢に現れたのではないか。

ただ、その記憶がいっさいないということは、脳が覚えていたくないくらい怖い体験をした、という可能性もある。

いったい、どんな遊びをしていたのだろうか。

鈴木さんが言っていた、「真っ赤な住宅地だけど近所だった」という内容。

ひょっとすると、この夢を見る人はみんな埼玉の同じ住宅街のなかに呼ばれ、彷徨《さまよ》っていたりするのだろうか。

真っ赤に染まった異世界の、同じ町を。

白い鳥居

これは僕が二十歳くらいのときの話である。

友だちが車を買ったので、ドライブがてら心霊スポットに行こうということになった。ほかの友だちも誘い、四人ほどがすぐに集まった。

行った場所というのが、神奈川県の山奥にある廃トンネルだ。

深夜に車を走らせて、やがて山道にさしかかって、トンネルに着いた。

車を降りてトンネルへ入ってみるも、とくにこれといって何か怪しいものがあるわけではない。

真っ暗な山中のトンネルなので雰囲気は怖いのだが、トンネルの向こう側へ出ても、戻ってきても、何もない。

「ここまで来ても何もないかぁ……」

そう簡単に霊現象なんて起こるわけないし、むしろ何もないに越したことはないだろう。だが、そこはそれ。やはり肝試しに来ているわけだから、少しがっかりした。

ただ、いつまでもこんなところにいても仕方がない。

もう山を下りようということになり、行きの盛り上がりとは違ってテンション低い感じで山を下っていった。

車中ではとくに会話もない。盛り上がることがなかったから当然だろう。

そのとき、僕はなんとなく車窓を見ていた。すると、脇の森林のなかにぼろぼろの小屋を見つけた。

あ！　と思って、「ちょっと止めて！」と友だちに伝える。

「どうした？」

「いやなんかさ、ボロボロの小屋があるからさ、トンネルはなんもなかったし、あそこで肝試ししない？」

そう提案した。すると、「いいねえ！」と盛り上がり、なるべくその小屋の近くまで車で行くことになった。

ただ、途中で気づいたことがある。

車道からなるべく近づいていったのだが、完全に小屋の前へ車をつけることはできないようだ。途中に百五十センチくらいの段差があり、車ではそこまでしか近寄れないのだ。

じゃあ、いったんここで降りるか。このまま四人で段差をのぼって行こう。

そう決まったとき、運転手だった友だちが「オレ、行かない」と言い出した。

「なんでおまえ行かないんだよ。びびってんの?」

「いや、そうじゃない。ただ、買ったばっかの車だから、このまま車道に残しておくのが嫌なんだよね。なんかあったら呼び戻せるし、おまえら三人で行ってきてよ」

なるほど、そういうことか、と納得した僕らは運転手を残して車を出て、段差をのぼってそのボロボロの小屋に向かっていった。

段差から小屋まで、だいたい二十メートルぐらいだろうか。小屋の周りを見ると、なんにも草木が生えておらず、土が剥《む》きだしだ。うわぁ、いい雰囲気だなぁと思いながら、懐中電灯を持って、てくてくと歩いていく。

そのとき、足元が悪かったのでふいにライトをぱっと下に向けた。

あれ？　と何かに気づいた。

タイヤが横切った跡があるのだ。

（ん？　おかしくないか？　段差があるから俺ら車停めて降りたのに、なんでここにタイヤの跡があるんだ？）

そう疑問に思い、ライトで横を照らしてみると、左側の鬱蒼《うっそう》とした木々のなかからすぅっとタイヤの跡が二本流れてきて、僕らがいるところを横切って右側へ行っているのがわかった。

「え、ここ車通れんの？」

「いやぁ、わからない」

「なぁ、あの小屋に行くのもいいけどさ、ちょっとこのタイヤの跡を追ってみないか？もしこのまま車道につながっているんなら、あいつ呼ぼうぜ」

それもそうだなと思い、急遽、小屋に向かうのをやめて進路を変え、そのタイヤの跡に沿って歩いていった。その瞬間――

パァ、パァ、パァ、パァ！

車のクラクションがあたりに鳴り響いた。

振り返ると、その運転手の友だちが、ものすごい形相でクラクションを押しながら、

「戻ってこい！　戻ってこい！」と身振り手振りを交えて伝えてくる。

「え？　何があったんだよ！」

「いいからッ、戻ってこい！　戻ってこい！」

理由を聞いても、そう叫ぶばかり。尋常ではない勢いだ。

ただならぬものを感じ、僕ら三人は急いで車まで戻った。

「どうした？」

「いいから、早く乗れッ」

運転手は、ガンガンとドアが閉まったのを確認した瞬間、ものすごい勢いで車を発進させる。

「何があったんだよ」

「いや……あとで説明する。ちょっと俺、なるべく事故らないように安全に運転するか

ら、待っててくれ」と、ひどく動揺したようすで言う。

「何があったの？」と聞いても、まったく答えてくれない。

けっこうなスピードでそのまま山を下っていって、やがてコンビニに着いた。

駐車場に車を停める。運転手はもう息も絶え絶えになっている。

「何があったんだよ？」

「——見えなかったの？」

「何が？」

「いや……鳥居があったでしょ」

「見えなかったけど、なに？」

そう問うと、ようやく教えてくれた。

僕ら三人が段差をのぼったとき、運転手の友だちは車から降りて煙草を吸いながら僕らの後ろ姿を見ていたそうだ。そのとき、ふいに視線を横のほうへ向けたら、大きな白い鳥居があったという。

「ほんとに見えなかった？」

「いや、見えなかった。それがなんなんだよ」

「いや、その白い鳥居のなかにな、なんかが蠢《うごめ》いているんだよ。なんだろうと思ってジィって見ていたら、だんだん目が慣れてきてわかったんだけど、それ、白装束着た人たちなんだよ。え、なにあれ……って思った瞬間、その白装束を着た人たちがいっせいに手招きをはじめてさ、そしたらおまえらが進路を変えて、その鳥居のほうに向かって急に歩きはじめたんだよ。うわあぁぁ、あぶねえって思ってクラクション鳴らしたんだよ。……ほんとに見えなかったか?」

僕らは、まったく見えていなかった。その白い鳥居は、本当にこの世にあったものだろうか。

運転手ひとりを車に残していたから、戻ってこられた。もし四人全員でそのまま上がっていたら、どこに行っていたか。白装束の死者が闊歩する異界に、僕らも連れていかれていたのかもしれない。

無数の手形

怪談を取材していると、時にすごくベタなお話に出会うことがある。

たとえばタクシー運転手の方がお客様を乗せて目的地に着いて「着きましたよ」と振り返るともういない。そしてお客様が座っていた座席がなぜか濡れていた、とか。

こういう話を聞くと、僕の場合は嬉しくなる。ベタだからつまらないなんてことは決してない。そういう話が本当にあるんだ、と逆にテンションが上がるのだ。

今回の話を聞かせてもらったときも、序盤はまさにそういうベタな展開だった。

ただ、途中からまったく変わってきて——。


僕が働いている怪談BARスリラーナイトに来てくれた、福岡のイベント会社で働く男性、青山さん（仮名）から聞いた話である。

いまから四、五年ほど前のこと。

青山さんは、ある福岡のイベントの打ち上げで二人の女性と知り合った。

仮にこの二人の女性をA子さんとB子さんとする。

A子さんは明るく活発な方であるいっぽう、B子さんはおとなしい。とても対照的な二人だった。

スリラーナイトにひとりでも来店されるほど怪談好きな青山さんは、その打ち上げの席で二人に「霊体験とかしたことある？」と聞いてみた。

すると、A子さんが「一回だけあるんです。B子もいたんですけど」と言って話しはじめる。

A子さんいわく、もともとB子さんとは関東の大学で知り合い、そのときから友だちで、いまは福岡で一緒に働いているという関係だそうだ。

その関東の大学に在学中の出来事。

A子さんはある日、男友だち三人から深夜のドライブに誘われた。A子さんは明るい方なので友だちが多いのだ。

楽しそうと思い、「もうひとり呼んでいい?」と聞いてから、おとなしいB子さんも呼んだ。そして合計五人でドライブに行くことになった。

「どこに行こうか?」となった結果、最終的に目的地は心霊スポットのトンネルになった。そういうところに行ったことがない五人だったので、道中は盛り上がった。

ただ、B子さんだけがあまりいい顔をしていなかった。

そのまま車を走らせ、トンネルにだいぶ近づいた頃。

後部座席の真ん中に座っていたB子さんが急に寝落ちしてしまった。

B子さんの左隣に座っていたA子さんは、寝てしまったB子さんを起こそうかと思ったものの、「大学のレポートとかできっと疲れてるんだろうから、このまま寝させてあげよう」と、起こさないでおいた。

そして、起きている四人だけで肝試しを楽しもうと思った。

そうこうしているうちに、心霊スポットのトンネルに到着した。

なかは真っ暗。ただ、車でも進入できたので、降りずにそのままトンネルのなかへ車を進めた。

そして、トンネルの中央付近に車を停める。

彼らはそこで何をやろうとしたか。すごくベタではあるが、エンジンを切ってまず車内を真っ暗にする。その状態でクラクションを三回鳴らす。それで何かが起こるらしいので、試そうと思ったのだ。

さっそくみんなの気持ちが整ったのを見て、ドライバーの男性がエンジンを切った。

「……」

急激に、そして想像以上に真っ暗になった。

なおかつ音がなく、無音だ。

あまりにも雰囲気が変貌したので、みんな怖くなった。

誰ひとり、クラクションを押せる勇気のある人は出なかった。

みな怖くなってきて「すぐにエンジンつけよう」「明るくしよう」と口々に言いはじめる。

そしてエンジンをつけて車内が明るくなる。

すると、全員が腰を抜かすほど驚いた。

車の窓という窓に、びっしりと手形がついていたのだ。

「うわー!!」と叫びながらそのままアクセルを踏み、トンネルを抜けた。

ただ、出た先に道は無く、Uターンして再びトンネルを通らねばならない。怖くて仕方がない帰り道だが、なんとか抜け出した。

そのままコンビニに駐車してひと息つくと、みんな嫌な汗をじっとりとかいていた。

ただひとり、寝ていたB子さんを除いて。

このとき、誰かが気づいた。

手形がすべて内側からつけられていたのだ。

「なんで!」とパニックになりながらも、A子さんはB子さんを起こし事の顛末を説明した。B子さんは「気持ち悪いね」などと返事をして、彼らはそのまま帰路についた。

「こういう体験したんです」と、青山さんはA子さんから聞かされた。

途中まではすごくベタな展開だったけれど、手形が全部内側というのは初めて聞いたな、と青山さんは思ったそうだ。

しばらくその後も三人で談笑していると、あるタイミングでA子さんが誰かに呼ばれた。

その後は青山さんとB子さんの二人で話しながら飲む。

いくつかの話題で盛り上がったが、急にB子さんが「さっきA子が怖い話しゃべってましたよね」と、唐突に体験談へ話題を戻した。

「ええ。怖くて珍しい話でした」と返すと、

「あれ、私の視点からはちょっと違うんです」とB子さんが話しはじめた。

*

B子さんは、昔から勘が鋭いほうで、いわゆる霊感が強かったそうだ。

あの日もただドライブするだけだと思って楽しみだったのに、急に心霊スポットへ行くことになってすごく嫌だった。

しかし、みんなが盛り上がっている手前、「やめようよ」と言える雰囲気にもなれなかったので渋々ついていったらしい。

「そのまま私も車に同乗して、心霊スポットに向かう道中、私が途中寝たってA子が言ってましたけど、私、決して疲れとかで寝たわけじゃないんです。

急激に眠くなったんです。

抗いようのない眠気にいきなり襲われて寝ちゃったんです。

それと、A子はその後にコンビニで私を起こしたって言ってましたけど、じつは私、途中で一回起きてるんです」

そうB子さんが言う。なんでも、急激に眠気が襲ってきて意識を失ったあと、これまた急にパチっと目を覚ましたのだという。

――あれ？

目を覚ますと、目の前が真っ暗だったそうだ。

でも、車にいるということは感触でわかる。

なんでこんなに暗いんだろう？

そう思っていると、変な音が聞こえる。

バタバタバタバタ
この音はいったいなんだろう？

そう思っているうち、誰かのスマホに通知が来て画面が光ったのか、その光で一瞬だけ車内が薄明るく見えた。

車内の光景を見てギョッとした。

自分以外の四人が、みんな無表情で内側から窓に手形をバタバタバタバタとつけていたのだ。

え、なにやってるの……？

疑問に思ったものの、また急激に眠気が襲ってきて、またもやB子さんは眠りに落ちてしまった。

その後にコンビニの駐車場で起こされ、A子さんからなぜか手形が内側からつけられていた話を聞いた。

なに言ってるの……？　自分たちでつけてたのに。

B子さんそう思ったそうだ。ただ、明らかにみんな怖がっているし、寝ていた自分を騙そうという感じでもなかった。

それで余計に怖がるかもしれないから、A子にもその日のことを教えられてないのだという。

「車の手形、私の視点からはそういうふうなものだったんです」

途中までありがちな肝試しの話だったが、真相はもっと恐ろしい。そんな感想を覚えた。

記憶から消える

たくさん怪談の取材をしていると、たまに変な現象に遭遇することがある。

たとえば、しゃべってくれた本人がその体験談を忘れてしまうという出来事も少なくない。

体験直後はまだ覚えているが、後日にお会いしたときに「この前の話、怖かったのでもう一度聞かせてくれませんか?」と言うと、「え、なんの話ですか?」と返されてしまう。

あまりにも怖い体験をすると、その出来事だけ記憶から消えてしまうことがある。これが霊的なものが原因なのか、人間の防衛本能として怖い体験を脳が勝手に記憶から消しているのかはわからない。

二〇二〇年に僕が働いている怪談BARスリラーナイトに来てくれた、タツヤさんという男性の方から聞かせてもらった話である。

タツヤさんと僕はすごく趣味が合い、仲良くなった。もちろんお互いに怪談は大好きである。

あるとき、僕が「怖い体験が記憶からなくなることってあるんですよ」と言ったところ、「わかります」とタツヤさんは言った。

「もしかして、そういう体験があるんですか?」と聞くと教えてくれたのがこの話である。

タツヤさんは昔、団地に住んでいた。ご家族はまだその団地に住んでいるそうだが、彼の記憶ではとにかく怖い団地だったらしい。

どんなことがあったのか聞いてみるも、「ありすぎて困るほど」とのことだ。すぐに思い出したものでいえば——

団地の近くで友だちとボール遊びをしていたとき。

ボールがポンと遠くに飛んでいき、草むらのほうに入ってしまった。

取りに行こうとしたが、しばらく取ることができなかった。なぜなら、そのボールの周りに、地面からたくさん白い手が伸びていたからだ。呆然としていると「なんで取らないんだよー」と友だちがやってきた。友だちはそのままボールに向かっていき、器用に白い手を避けてボールを取ってきた。その手が見えていて避けたのか、見えないけれど無意識に避けていたのか、それは聞けなかった。ただ、何も怖がっているようすはなかった。

その団地は四階建てであり、タツヤさん一家は四階に住んでいる。エレベーターはなく、昇降は階段のみ。二つ階段があったが、このどちらも怖かった。ひとつ目の階段は、どんなときに行っても、一階で壁に向かって女がずっとブツブツと何かをしゃべり続けている。

もう片方の階段では、四階の上のほうから子どもがずっと外を見下ろしていた。タツヤさんの表現をそのまま使うと、この二つの存在は「肉眼じゃ見えない」そうだ。近くに行くと頭に映像が浮かんできて、そこにいることがわかるのだという。

怖くてとても嫌だったが、自分の家がある四階に上がるには、どちらかの階段を選ばなければいけない。

タツヤさんはいつも子どもが見下ろしているほうの階段を使っていた。怖かったので、子どもを見ないようにいつも後ろ向きに階段を上がっていたそうだ。


タツヤさんが中学生になった頃。

当時、日韓ワールドカップが開催されていて、サッカー好きなタツヤさんは試合に熱中していた。

サッカークラブにも所属していたタツヤさんは、見たかった試合のひとつがクラブの練習と重なってしまった。

そのため、リアルタイムでは観られないので録画をしようと思った。

学校から帰ってくると、家族は誰もいない。

玄関ドアを開けて目の前に延びる廊下をまっすぐ歩いてリビングへ向かう。テレビはリビングにあるのだ。

録画予約はいつも家族にやってもらっていたので困ってしまったが、うろ覚えでどうにか予約しようと試みる。

まずビデオデッキをなんとかチャンネル設定した。記憶だと４ｃｈだったか……。

この時代のテレビ録画は、デッキとテレビのチャンネルを合わせないため、テレビのチャンネルも４ｃｈに合わせる必要がある。

主電源をつけると画面は６ｃｈだった。リモコンに電池が入っていなかったので直接選局ボタンで合わせようしたものの、指がすべって反対の選局ボタンを押してしまった。６ｃｈから７ｃｈに変わる。チャンネルを戻そうとも思ったが、なんとなくこのまま同じボタンを押し続けてチャンネルを一周させて４ｃｈに合わせることにした。

もう一度押すと、７ｃｈから８ｃｈに変わる。

あれ？

チャンネルが変わって一瞬だけ画面が暗くなるときに、何かが映った。

変えるたびにそれが見える。

なんだろう。

押し続けるが、やはり一瞬何か映る。

意識してよく見ると、どうやらそれは何かが落ちていく映像のようだ。

チャンネルを変えるたびにその一瞬の映像が繰り返され、少しずつ詳細が見えてくる。

どうやらその落ちている何かにズームしていっているようだ。

途中で気がついた。

これ、人が飛び降りている映像だ。

それがチャンネルを変えるたびに映し出され、だんだんとズームされていく。

とても怖くなった。でも気にもなるので、ボタンを押す指は止められない。

そして3ｃｈまで来たとき、飛び降りているのが誰かわかった。

映っていたのは、階段の一階の壁に向かってずっとブツブツ言っているあの女だったのだ。


気づいた瞬間、タツヤさんはゾクっとした。

気づいたことにではない。気配を感じたからだ。

何かがいま、家のなかにいる。だが、それがどこだかわからない。

身体をテレビのほうに向けたまま、目を動かすと少しわかった。

玄関のほうに誰かいる。

それが少しずつ廊下を進んでこちらに近づいてくる。

金縛りというわけではないけれど、恐怖で身体がすくんで動けない。

その玄関から近づいてくるのは――。

たったいまテレビに飛び降りる姿が映っていた、あの女だった。

しかも初めて肉眼で見えた。

そんなことを思っているうちにどんどんと近づいてくる。

そしてとうとう廊下からリビングへ入り、自分の真後ろまで来た。

タツヤさんは恐怖でおかしくなりそうだった。

ただ、そのとき、女はそのままタツヤさんの後ろを通り過ぎる。

えっ……。

呆気にとられていると、そのまま女はリビングの奥にある部屋に入っていった。

と、同時にその部屋のドアがバタンと閉まり、ガチャガチャガチャガチャと激しく動きはじめる。

ここでようやくタツヤさんの身体が動いた。

逃げないと！

そう思って急いで廊下に向かい、追いかけられたら嫌なのでリビングのドアを後ろ手に閉めて玄関まで走る。

するとたったいま閉めたリビングのドアが、バンっと開く音がした。

うわあああ！　と心のなかで悲鳴をあげながら、玄関のドアを開けて外に出て、すぐさま鍵を閉める。

このあいだに開けられないよう、タツヤさんは足でドアを押さえながら鍵をかけた。

すると、案の定ドアノブがガチャガチャと動きはじめる。

タツヤさんは半ばパニックになりながらもなんとか鍵を閉め切り、サッカークラブの練習に行った。

とてもじゃないが練習に集中できなかったそうだ。


ここまでタツヤさんから聞いたとき、僕はすごく怖い話だと思った。ただ、よく考えると、ある疑問が浮かんだ。

というのも、そもそものはじまりは「本当に怖い体験は記憶からなくなる」という話だったわけだ。

だが、この体験談はタツヤさんがはっきりと細部にわたり覚えている。

「タツヤさん、すごく怖かったんですけど、覚えてるじゃないですか……」と、言ってみたところ、

「いや、違うんです。

この前、久々に母親に会ったので、こういう体験あったよねって話をしたんです。そしたら母親が〝あぁ、そんなことあったって言ってたわよね。でもあんた、一番怖かったのは、サッカークラブの帰りにその女に四つん這いで追いかけられたことだって言ってたわよ〟と……。

それはまったく記憶にないんです」

どんなに思い返しても、そんな記憶はないそうだ。

廃旅館の地下

僕のYouTubeチャンネルの視聴者様から、X（旧Twitter）にてダイレクトメッセージで頂いたお話である。

三十代半ばのマサキさん（仮名）は、いまから十五年ほど前、友人たちと肝試しに行った。メンバーは、マサキさんら社会人二人に加え、心霊スポットに詳しい大学生二人の計四人。みなで車に乗り、住んでいた鹿児島県で有名な廃旅館へ向かった。地下一階、地上二階建ての建物で、通称K荘と呼ばれている心霊スポットだ。

K荘に着いたのは、二十三時頃。

怖さ半分、期待半分で中に入ると、木が腐ったような匂いが漂っている。先行者の落書きも非常に多く、廃墟独特の退廃的な雰囲気に満ちている。

期待に胸を膨らませて探索する。しかし、とくに何も起きない。

一階を隈なく見て回っても何も起きないので、一行は二階へ上がった。

二階も、階下同様に朽ち果てており雰囲気はある。

だが、やはり何も起きない。

「うーん、ほんとにここ、心霊スポットなの？」

マサキさんがこの場所を教えた大学生たち二人に訊いた。すると、何も起こらないことに焦ったように説明してくる。

「そうなんですよ……。あ！　ただ、地下一階にある大浴場！　そこが一番怖いって聞きました！」

――階段なんてあったっけ？

先ほどまで一階を探索していたとき、地下に降りる階段など見当たらなかったからだ。

二階から降りて改めて一階を探索すると、あった。

どこにあったかというと、自分たちが入ってきた入り口のすぐ横。

ただ、不思議である。これほどわかりやすい場所にあって、見落とすはずはない。

まるでいきなり現れたかのようだ。

「え？　こんなとこにあるの見落としてたのか？　まぁいいか降りよう」

疑問に思いながらも階段を降りていく。

降りると、すぐに突き当りがあり、右へ折れた通路が二十メートルほど延びている。

突き当りから通路を見ると、壁にドアが三つある。

ひとつは男湯で、もうひとつは女湯だろう。ならば、一番奥のドアはなんだろうと思い、前まで行って見てみると、そこはボイラー室だった。

ボイラー室のなかに入り、ひと通り見回って写真を撮る。だが、何も起きない。

次に見て回るのは浴室だ。隣のドアを開けて中に入ると、男湯だった。

水が出るか試したり、浴室内で写真を撮ったりしても何も起きない。

女湯に入って、同じように探索したが何も起きない。

一行は少々落胆しつつ、女湯を出ようとした、そのとき。

――えっ！？

廊下の奥、ボイラー室の横に四つ目のドアがあった。

おかしい。自分たちが降りてきたときには、三つしかドアなかった。それは全員が確かに見ている。

「え？　俺たち、これも見落としてた？」

「いや、なかったよな？」

なぜもうひとつのドアがあるのだろうか？　そもそもなんの部屋なのか。

ふたたび廊下を進んでいき四つ目のドア開ける。そこにあったのは——

マサキさんの言葉を借りれば「どういう意図で使われていた部屋かわからなかった」とのことだ。

物が残っていたならば、部屋の用途はわかるだろう。

だが、その部屋は何も置かれていなかったのだ。

しかも、床が茶色く、正面の一番奥のコンクリートの壁の手前に、壁と並行にブロック塀のようなものが設えてある。壁とブロックのあいだにある三十センチほどの隙間には、なぜか玉砂利が敷き詰められていた。

なんの部屋だろう？

そう思いながら、足を踏み入れた瞬間、びちゃっと音が鳴る。

床を踏んで気づいた。茶色い床ではなくて、茶色く濁った水が、溜まっているのだ。

汚水は、靴の半分を埋めるほど溜まっている。

靴に触れて匂い嗅ぐと、鉄臭い。

「血……じゃないよな」「なんだろ、錆びた水?」「気持ち悪っ」

みなそう口々に言いながらぞろぞろと部屋に入ってきた。


なんの用途なのかまったくわからない変な部屋——この建物に入ってから、やっと少し不思議な体験があった。みなのテンションも少し上がった。

その部屋でたくさん写真を撮ったあと、あろうことか誰かがいきなりその下の茶色い水をバシャっとかけてきた。

ほかのみんなも「おい! やめろよ!」という感じで水をかけ返す。

それがかなり盛り上がって、みんなびしょ濡れになりながら遊んだ。

得体の知れない床の水をかけあって。


十分もしないうち、突然静かになった。

まるで示し合わしたかのように黙りこくって、誰も動かなくなる。

「……」

沈黙が十数秒続いたのち、ふと誰かが言った。

「帰ろっか」

すると、みんなも口々に「うん、帰ろう」「もう帰ろ」と、先ほどの盛り上がりがまるで嘘のように、みんなおとなしくなって部屋を出た。

そそくさと廊下に出て階段を上がり、K荘を出る。

車に戻ると、驚いた。

車の時計を見れば、深夜三時だったからだ。着いた時間は二十三時だったので、四時間も自分たちはあの廃旅館にいたことになる。

だが、まったくその自覚はない。体感だと二時間経っていないくらいだからだ。

「そんなにあの建物いなかったよな」「え、気持ち悪い」「早く帰ろうぜ」

みなも真っ青になって帰った。


後日、マサキさんが仕事をしていると、あの晩に廃旅館へ行った大学生のうちのひとりから電話がかかってきた。

「大変なんです！　ちょっと確認してもらいたいことがっ……！」と、慌てている。

「なに？　落ち着いて、どうした？」

なだめつつマサキさんが訊くと、大学生の彼は詳細を教えてくれた。


肝試しに行った数日後、彼らは合コンを開いた。

その宴席で、女の子たちにK荘の話をしゃべった。

廃旅館に行ったら変な扉があったこと。開けたら、謎の部屋があったこと。もともと階段を降りたときはなかったはずだったこと。

等々、ひと通り話せば女の子たちも興味津々。今度みんなでそこに行こうとなったそうで、日程を合わせてみんなで車に乗ってK荘に向かうことになった。

当日、現地について地下に降りて行ったら——

あの部屋がない。あの茶色い水が溜まった部屋が……。


「なんもなかったんですよ！　でも、僕ら入ったじゃないですか。

女の子たちは信じてくれなくて……。

でも、僕ら写真撮ったから、写真見せようとしたんですよ。

そしたら、あの部屋の写真だけ、真っ黒なんです。ブラックアウトして、何も写ってないんです。

だからマサキさんも確認してくれませんか？」

すぐさま確認すると、やはりマサキさんの携帯電話にも、あの写真の部屋だけ、真っ黒で何も写っていなかった。

「だから伊山さん。ぼくら、あの部屋がなんなのかわからないんです。で、あとになって思ったんですよね。もし僕らが帰らないであの部屋であのまま遊び続けていたら、あの部屋ごとぼくら、消えてたんじゃないのかなって」

マサキさんたちが踏み入った部屋は、果たしてこの世に実在するのだろうか。

もしかしたら、恐ろしい異界に迷い込んでいたのかもしれない。

幼少期の儀式

二〇二二年六月ごろ、僕が働いている怪談BARスリラーナイトに、Hさんという若い女性の方が初来店でいらっしゃった。

「私が幼少期に体験した儀式というか、経験があるんですけど、ほかの人にも同じような経験があるかどうか知りたい」とのことである。

「どういう体験をされたんですか？」と問うと、こんな話をしてくれた。


Hさんの家庭は、お父さんがお母さんの名字を名乗っていたそうだ。つまり、お父さんは婿養子としてお母さんの家に入っている。

「お言葉もらいに行くから」

Hさんが四歳のとき、お母さんがそう言って実家に連れていったことがあった。

東北地方のとある村の山奥にある、日本家屋の大きい家だった。

その村には、自分と同じ名字の人がたくさん集まっていて、みんな親族だという。

ただ、この行事にお父さんは来られなかったらしい。ここに来られるのは血のつながった親族のみだったのかもしれない。

そこで、当主と思しきおばあちゃんが、「夜からやるからそれまでは好きにしていいよ」と言う。そう言われたとおり、従姉妹たちと山で遊んだりかけっこをしたりと好きに遊んでいた。


そして夜になる。

何がはじまるんだろう……？

そう思っていると、お母さんからHさんに「この歌を覚えて」と、妙なわらべ歌みたいなものを覚えさせられた。

お母さんいわく、「あとで歌うから」と。

そして、「これを歌ったあとに猿が出てくるけど、その猿は怖い存在ではないから驚かないでね。悪い存在ではないから」とも言う。

よく状況が飲みこめないまま、Hさんは歌を歌詞の意味もわからず、そのまま音で覚えたそうだ。


それから儀式のようなものがはじまった。

まず、男女で部屋が分けられた。

男は男、女は女に分かれ、それぞれが大きな和室に入る。

女性であるHさんが女の部屋に入ると、広い和室の床一面に布団が敷き詰められている。

そこでみんなで円になって手をつないだという。

「この手は決して離してはいけない」と言われた。

儀式にはHさんより小さい子も参加していて、その子は手を離してしまうかもしれなかったので、隣の大人の手ごと布でぐるぐるに巻いて離れないように徹底されていた。

そのあとはみんなで寝転んだ。手をつないだままなので、足までは伸ばせない。円になったまま、すごく変な形で寝転ぶことになる。

すると、みんなが歌を歌いはじめた。

あの覚えさせられた歌だ、とHさんは思った。

そして歌い終わった直後――。

Hさんは、まるで気を失ったかのように寝てしまった。

しばらく経って目を覚ますと、外はまだ夜。周りが妙に騒がしい。

よく聞くと「ああ、来てくださった、ありがたい」みたいな声が聞こえてきた。

なんだろう……と辺りを見ると、自分たちが円を組んでいる中央に、猿がいた。

ニホンザルではなかったそうだ。それよりも小さい猿で、体育座りしながら何かを食べている。

それをみんながありがたがって見ている。

どこから現れたのかまったくわからない。

すると、次第にその猿の周りに小動物が現れた。

この猿も小動物もどこから出てきたのかわからない。

蚊帳もあるにもかかわらず、急に現れたようにしか見えなかった。

なにこれ……と、不思議に思っていると、お母さんに声をかけられた。

「たぶんお言葉をもらえるよ。布団に耳をつけてごらん」

そう言われたので、Hさんは従ってみた。

すると、確かに声が聞こえてきたのだ。

若い女性の綺麗な声だった。

短歌や都々逸《どどいつ》のように節をつけて、何かを歌うようにしゃべっている。

どんなことを歌っているのかまではわからないが、最後に「～してはいけない」という言葉だけははっきり聞こえた。

そして、〝お言葉〟を聞いた直後、また気を失うかのように寝てしまった。


次に目を覚ましたときは朝になっていた。

昨晩ずっとつないでいた手はもう離れており、何人かはすでに帰っていた。

お母さんに「何かお言葉もらえた？」と聞かれたので、なんとなく音を諳《そら》んじてみせたあと、最後に「～してはいけない」と言われたことも伝えた。

すると、お母さんは「よかったねええ！」と、いたく喜んでくれた。

それから、Hさんにはとくにいいことがあったわけでも、悪いことがあったわけでもないらしい。「～してはいけない」と言われたけれど、何をしてはいけないのかわからないので、とくに何かを気をつけて生きたわけでもない。

唯一の変化といえば、お母さんの実家に行くたびに自分だけが異常なくらいの特別待遇を受けるようになったことだ。

いとこの子たちがたくさんいても、自分だけ特別扱い。

Hさんにはその理由がわからず、戸惑うばかりだった。

この儀式から数年後、Hさんの両親が離婚した。

Hさんはお父さんのほうについていったので、いまはお父さんの名字を名乗っている。

それからはお母さんの実家に行く機会はなくなってしまったので、あの家がまだあるかどうかもわからない。

ただ、「いったいあの儀式はなんだったんだろう?」という疑問が年々強くなり、いろいろな人に聞いて回っているけれど、同じような経験を知る人はいまだに会ったことがないそうだ。

ちなみに、あの儀式の夜、お母さんから「この歌を覚えて」と歌を覚えさせられた直後、お母さんが席を外したタイミングで親戚のおばさんがすっとやってきて「あなたは覚えなくていいから。歌わなくていいから。口パクでいいから」と言われたという。

このときは意味がわからなかったそうだが、僕はそれを聞いて、これはその家独自の祀《まつ》っている神様にまつわる儀式で、おそらく家の格差が生まれるようなものだったのではないかと思った。

そのおばさんは自分の子どもに良い待遇を受けさせたいから、Hさんにちゃんと儀式ができないよう裏工作をしたのではないか。

そんな大人の汚い部分も垣間見える奇妙な体験談を聞かせていただいた。

鬼を祀る家

二〇二二年の春頃に聞いた話である。

僕が勤めている怪談ＢＡＲスリラーナイトに、女性二人組のお客様がいらっしゃった。ともに初来店で、仮にこのうちのひとりをイナガキさんとする。


イナガキさんはとても変わった家に生まれた。

それは、鬼を祀る家だったということ。

家中にたくさん鬼のお札が貼られていた。

この鬼のお札はネットとかで調べても自分の家以外では見たことない。それに、昔はこれほど貼られていなかったそうだ。

話を聞くと、もともとは蛇を祀る家柄だったらしい。

ただ、百年ほど前に蛇を祀るか、鬼を新しく祀るかで親戚間で揉め、家は分かれた。蛇を祀り続けている家とは、そのときから絶縁状態だという。

そんな不思議な家に生まれたイナガキさんには、三歳年下の弟がいる。いずれ実家の当主になるとされている。

この弟、なんでも幼少時には時々ひとりで誰かとしゃべっていた。

誰としゃべっているかまでは、相手が見えないのでわからない。

あまりにも気になって家族が「誰としゃべってるの?」と聞いた。

子どもなのであまり要領を得ない答えだったものの、話をまとめるとどうやら弟は白い蛇と会話しているらしいことはわかった。

だが、やはり家族には見えない。ただ、「もともと蛇を祀ってたからそれかもなぁ」と妙に腑に落ちた。

その弟が六歳の頃。

当時、スイミングスクールに通っていた。

いつもはお母さんが車で送り迎えをしている。

ただある日、お母さんは予定があって送迎ができなかった。

代わりに弟さんは同じスイミングスクールに通っている友だちのお母さんの車でプールに行くことになった。

助手的に弟さん、運転席に友だちのお母さん、後部座席に友だちが二人。合計四人乗って出発した、が——。

道中、この車が大変な交通事故に遭う。

幸いにも、誰か亡くなったということはなかったが、乗っていたほとんどの方が重傷を負った。

ほとんど、である。

なぜなら助手席にいた弟だけが、まったくの無傷だったのだ。

事故の状況からして、助手席に座っていて無傷なのはあり得なかったらしい。警察も救急隊も不思議がっている。

事故のときになにがあったのか。弟いわく、「事故が起こる直前に後ろから白い着物を着た女性の手がすぅーっと伸びてきて、自分の目と顔を覆ってきた」らしい。

なんだろう？　と思った途端、その手はサーっと離れていって、気づけばもう事故のあとだったそうだ。

弟は事故の衝撃すら感じていなかったのだ。

その話を聞いて家族は、「蛇神様が守ってくれた」と確信した。

しかしイナガキさんは、「もう蛇神様はいないんですよね」と言う。

「なんでですか？　話を聞く限り、だいぶ弟さんは蛇神様に愛されている印象を受けるのですが」と僕が問うと、

「じつは……」とイナガキさんが話しはじめた。

その事故から数日後の日中、イナガキさんは家の庭で白蛇を目撃したらしい。

家族は周りにいないタイミングで、自分しか見つけていない。

はっきり姿が見えたそうで、「あ！　白蛇だ！　弟がしゃべってる蛇ってこれなのかな」って近づいた。その直後――。

記憶が飛んだ。

気がついたら次の瞬間には、自分は木の枝でその白蛇を殺して掲げていた。

イナガキさん自身も混乱していると、その姿を祖父に発見された。

普段は温厚な祖父から「お前、何やってるんだ！」と見たことないくらい怒られた。


これは絶対に祟られる、早く祓いに行かないと、ということでお祓いに行った。

だが僕は「鬼を代々祀っている家の人って、どこにお祓いに行くんだろう」と疑問に思った。イナガキさんに聞くと、どうやら先祖代々のお墓を管理してもらっているお寺にお祓いに行ったそうだ。

ただ、この家のお墓も変わっていた。お寺には墓地があるが、そこに先祖代々のお墓はない。

イナガキさんの家のお墓だけが、山奥に隔離されているのだ。

そのお寺に行ってお祓い受けて、そこからたくさんの鬼のお札をもらった。

以来、家中に鬼の札がびっしり貼られるようになった。


「だから、もう私の家に蛇神はいないんです」

——だって、私が殺したから。

イナガキさんはゾッとするような冷たい表情で、そう言い放った。

歌舞伎町のホテル

歌舞伎町で怪談を集めていると、たまに同じ内容の怪談を聞く事がある。
共通しているのは、
・同じラブホテルが舞台。
・現象と出てくる存在が一緒。
・警察官が出てくる。
・話してくれた人が体験したわけではない。
といった点だ。ただ、体験者の数がひとりだったり二人だったりとまちまちで、いったいどれがオリジナルの話なのかわからない。

いつから広まった話なのかは定かではないが、歌舞伎町という街でこの話だけがひとり歩きをしているようで興味深い。

左記の話は、僕が一番はじめに聞いたときのものだ。

数年前のこと、僕が勤めている怪談BARスリラーナイトに四十歳前後の男性が来店された。もう十数年も歌舞伎町で働いている方だそうだ。

男性の知り合いに、同じく歌舞伎町で長く働いているリュウジさん（仮名）という方がいる。そんなリュウジさんがあるとき、奇妙な体験をした。


その日、リュウジさんは仕事が休みだったので歌舞伎町で飲み歩いていた。

終電が過ぎた辺りでベロベロになり、疲れてしまった。

しかし、帰ろうにももう電車はない。

タクシーに乗って帰ろうとも思ったが、それなら値段的にあまり変わらない安いラブホテルにひとりで宿泊することにした。

そのホテルは安いが、古くて受付のおばさんも態度が悪いことで有名な場所だった。

空いている部屋は五階の部屋のみ。受付で鍵を貰い、リュウジさんはエレベーターを上がって五階の部屋に入る。

そしてそのままベッドへ倒れ込み、すぐに寝てしまった。


翌朝、起きてシャワーを浴びてから部屋を出る。

そのまま下に降りてホテルを出ようとすると、

「ちょっと、ちょっと」

受付から呼び止められる。振り返ると、昨夜受付にいたおばさんだ。

「はい？」

「お連れさんは？」

「ひとりで来てますけど」

「いやいや、お連れさんは？」

埒《らち》があかない。何度もそのやり取りを繰り返す。イライラしはじめたリュウジさんは、

「じゃあいまから五階に上がって確認するか？」

と問いかけ、おばさんと一緒に再び五階に上がることになった。

五階の部屋に戻ってみたものの、部屋中見回ってもやはり誰もいない。

「ほらな。ひとりで来てんだよ」と言ってもおばさんは、

「いや、二人で来てました」と、部屋を見てもなお頑なに譲らない。

激昂したリュウジさんは「じゃあ警察でも呼ぶか？　おい！」と挑発した。

おばさんも「呼びましょう。呼びましょう」と、意固地になって警察が来ることになってしまった。

警察が合流したあともお互いの主張は変わらず、埒があかない。

そこで監視カメラの映像を警察官立ち合いのもと見ることになった。

映像を確認すると、確かにリュウジさんは女性と一緒にホテルに入ってきていた。

真っ赤な服を着た女性と。

(あり得ない…！　どんなに酔ってても、それくらいはわかる。あのときはひとりだったはずだ)

おばさんは勝ち誇った顔で「ほらね」と言ってくる。

そんなおばさんのことを構う余裕もなく、リュウジさんは映像を食い入るように見た。

エレベーターの映像を見ても、一緒に乗って二人で五階に上がっている。

五階の廊下も、一緒に歩いている姿が映っていた。

ただ、部屋に入るときだけ違った。

リュウジさんはそのままドアを開けて入ったのだが、真っ赤な服の女は立ち尽くしたまま。

そしてドアがバタンと閉まったあとに、そのドアをすり抜けて部屋のなかに入っていった。

「ギャァアアアア！」

その映像を見ていたおばさんが悲鳴を上げる。

リュウジさんもひどく動揺していたが、ここでふとあることに気がついた。

一緒に映像を見ていた警察が何も取り乱さず無表情なのだ。すると——

「はぁ……またこれですか。これじゃ捜査できないんでもう大丈夫です。お兄さんはもう帰ってください。ホテル側もそれでいいですよね？」

不自然なくらい冷静だった。

歌舞伎町の警察官からすると、こんな出来事は慣れすぎていまさら驚くようなことでもないのだろう。

幽体離脱

普段は怪談を集めてばかりいるが、僕自身にも体験談がある。

幼少期、じつは幽体離脱を見たことがあるのだ。

自分自身が身体から抜け出たわけではなく、ほかの人が幽体離脱する瞬間を見た。

まだ小学校に上がる前、当時は三階建てのマンションの一室に住んでいた。

僕は三兄弟の次男なのだが、当時は弟が生まれる前。父、母、兄、僕の四人暮らしだった。寝室は全員同じ部屋であり、みんなで川の字になって寝ていた。

僕は昔から寝つきが悪い。

僕以外の家族はみんなすぐに寝られるタイプなので、だいたいいつも最後まで起きていたのが僕だった。

ある晩、なかなか寝られず、天井に映される外の道路を通る車の光をぼんやりと眺めていたとき、ふと隣で寝ている母のことが気になった。

母のほうを見ると、母の身体から、なんと起き上がり小法師《こぼし》のように、母がもうひとり出てきて立ったのだ。

当時は幽体離脱という言葉も現象も知らなかったのだが、いま考えるとあの光景はまさにそれだった。

僕はとても怖かった。

立ち上がった母は全身に黒い服を着ている。顔は向こうを向いているので見えない。

だが、僕にはそれが母だとわかる。しかし、なぜかその顔を見てはいけないともわかる。

怖くて何度も目をつぶったり、布団をかぶったりをしてそのたびに見直したけれど、まったく消えない。

もう何度目かわからないくらい布団を被り直していたら、いつの間にか消えていた。

そのとき僕はなんとなく母が死んでしまったのではないかと思った。母から母が出てきて消えたのだから。

心配になって母を「ママ！　ママ！」と呼びながら揺り動かした。

すると「こんな夜中に何？」と起きて答えてくれた。

僕は安心して「良かった……」とつぶやいて寝たのだが、翌朝、母から「昨日の〝良かった〟ってなんだったの？」と聞かれた。

それで、あれが夢ではなかったことに気づいた。

後年、母に改めてその話をしたところ、当時とても嫌いな人がいたので生霊を飛ばしていたのかもと言われた。

なぜこの話を書いたのかと言うと、今年になって僕が勤めている怪談ＢＡＲスリラーナイトで、変わったお話を聞いたからである。

三十代の男性の方で、「自分はもしかしたら幽体離脱したのかもしれないんです」と言っていた。

その男性が二十代の頃。

当時、彼はワンルームに住んでいた。夜になっていつものようにベッドで寝た。

ある瞬間、不思議な感覚があった。

自分の視点が、天井付近から部屋を俯瞰《ふかん》で見る視点になっていたのだ。

なにこれ……？　まさか、寝ているあいだに幽体離脱をしたのか？

焦《あせ》りが募るが、違うかもしれないとも思った。

なぜなら、もし自分が幽体離脱をしたならば、ベッドに自分が寝ているはずだ。にもかかわらず、ベッドには自分の姿がない。

ではどこにいるのか。そう思い、部屋のなかを見渡すと、自分が部屋の隅で体育座りをしながら小さく震えていたのが見えた。

自分はあそこで寝ていないし、どうやら震えている自分は意識があるようだから、これは幽体離脱ではない。よってこれは夢なんだ……。

そう男性は自分を納得させたそうだ。

しばらくすると、ふっと視界が暗くなって意識を失った。

朝になって目覚めると、そこはいつものベッドの上ではない。

なんと男性は、部屋の隅で体育座りをしている状態で目覚めたのである。

「え、じゃあ昨日のは……？」

男性は、本当に幽体離脱をしたのかもしれないと思ったそうだ。

この話を聞いて怖いと思ったのは、仮に幽体離脱だとするなら、その男性の意志で身体を動かしたわけではないことだ。仮に何かが入って勝手に男性の身体を動かしたとするなら……。

いったい何が入っていたのだろうか。

奇妙な階段

二〇二三年三月に聞かせてもらったお話である。

僕が勤めている怪談ＢＡＲスリラーナイトにカップルのお客様がご来店された。

このときは三回目くらいのご来店で、このカップルの男性の方がヨシキさんという二十三歳の方だ。

「僕の体験談を聞いてほしい」とヨシキさんは僕に言う。ただ、「これが怖い話かどうかも判断してほしい」とも言う。

「どういうことですか？」

「僕だとよくわからないんです。果たしてこれが怖い話なのかどうか」

それはとても不思議な話だった。

ヨシキさんは大学一年生の頃、千葉県のとあるアパートで独り暮らしをしていた。

二階建てのアパートで、一階と二階にそれぞれ五部屋ずつあり、彼は二階の二〇五号室に住んでいた。

妙なアパートだった。

というのも、家賃が異様に安かったうえに、なぜか二階にはヨシキさん以外誰も住んでいなかったからだ。彼がアパートを出るまで二階に入居者はついぞ現れなかったという。

また、階段も少し変わっていた。

よくある、建屋の脇に設えられたストレートに二階に上がる階段ではない。一階の廊下の奥に階段があり、半階ぶん上った先の踊り場で折り返し、またさらに半階ぶん上って二階へ至る構造になっていた。


そんなアパートに住んでいた当時、ヨシキさんは大学に通いながら深夜に終わる仕事もはじめていた。日中は大学、夜は仕事と、ろくに睡眠時間がとれない日々を送っていたのだ。

そうした生活が一ヶ月も続いた頃、体力の限界に近づいたヨシキさんはある日、深夜にふらふらで帰ってきた。

疲労が過ぎて、横になれば一瞬で寝られるような状態。意識を何度も失いそうになりながら、ふらつく足でなんとかアパートまでたどり着いた。

(あとは二階に上がるだけだ……)

階段をカン、カン、カン、と上がっていく。

踊り場で折り返して、さらにまた上がっていくと、違和感を覚えた。

また、踊り場なのだ。

(さっき越えたよな……?)と不思議に思いながらも、もう一度その踊り場を折り返して階段を上っていく。

上がりきって(もう二階だろう)と思ったら——また踊り場があった。

それを何度も繰り返した。

どんなに階段を上っても、踊り場から上に行くことができず、二階にたどり着けない。

やがてヨシキさんは、二階へ行くことを諦めた。

とにかく疲れているし、二階に住んでいるのは自分しかいないので、誰かが上がってきて迷惑をかけることもないからだ。そう思った彼は、なんと踊り場で横になってそのまま寝てしまったのだという。

翌朝、踊り場で目を覚ましたヨシキさんは、やっと二階に上がることができた。

（昨日のは、なんだったんだろう……）

そう思いながらシャワーを浴びていつもどおり大学に行った。


それからも、ひと月に一度くらいの頻度で、同じことが起きた。

日中には起こらないし、深夜でも、比較的元気なときには起こらない。

ただ、一ヶ月に一度くらいある、体力の限界で深夜に帰ってきて、ふらふらでクタクタな状態で階段を上がるとき、踊り場から二階に上がれないのだ。

次第に慣れてきたヨシキさんは、そのたびに踊り場で寝ていた。


結局、七ヶ月も続いた。

すっかり冬になり、慣れたとはいえ踊り場で寝るのが厳しい季節になった。

それを友人に相談したところ、「ねえ、それ普通じゃないよ」と言われる。

「なんでそんなあり得ない状況、受け入れてるの？　お前もおかしくなってるよ」

あまりピンと来なかったヨシキさんは聞いてみた。

「じゃあ、どうしたらいい？」

「何かに取り憑かれてるかもしれないから、除霊してみたら？」

「除霊ってどういう方法？」

「お風呂場の浴槽にお湯をためて、そこに塩を入れて、日本酒も入れて、そこに頭から浸《つ》かれば？」

おそらくネットか何かで聞きかじった情報なのだろう。だが、ヨシキさんは物は試しとその除霊法をやってみた。

部屋に帰ると、浴槽にためたお湯に塩と日本酒を入れ、頭から浸かる。

そして、そのまま流さずに出て、その日は就寝した。

翌朝、大学に行くため玄関のドアを開けて階段を降りようとすると、いつもとは違った違和感を覚えた。

階段に、踊り場がなかったのだ。

目の前にあるのは、普通にストレートで降りる階段だった。

踊り場なんてどこにもない。

（え？　おかしい。え……？）

しかも、よく見ると階段の材質までも違っている。

自分がいままで上り下りしてきた階段は、コンクリートや石っぽい材質だったのだが、いま目の前にある階段は、鉄のような金属だったそうだ。

「自分がいままで上り下りしていた階段とはなんだったんでしょう？」

そうヨシキさんは言った。


続けてヨシキさんが「ただこれ、幽霊出てこないじゃないですか。これ怖い話ですかね？」と聞いてくるので僕は、

「いや、それ幽霊出てなくても、めちゃくちゃ怖くて不思議な話ですよ。じゅうぶん怖い話ですよ」と答えた。

「ちなみに、そのアパート名って覚えてますか？」とも聞いてみる。

というのも、そのアパートの階段のイメージが掴みづらかったので、実際にストリートビューでそこを見てみようと思ったからだ。

「まだ覚えてます」と言うので、そのアパート名を検索し、外観をその場で見てみた。

すると、ヨシキさんが固まっている。

僕も混乱した。

そのアパートの階段には、踊り場があったのだ。

ヨシキさんの体験と主観、実際の階段……いったい何が正しくて、そのアパートでは何が起こっていたのか。

ヨシキさんは毎月寝ていた踊り場は、この世の空間だったのだろうか。

消えた老犬

数年前のある朝、夜勤を終えた僕は、横浜駅から家まで原付で帰っていた。

家に着いたとき、どこかで財布を落としたことに気がついた。

自分が走った道を戻り探し回ったのだが、見つからない。

自力で見つけるのは諦めて、最寄りの交番に行った。

「財布の落とし物ありませんか？」と聞くと、対応してくれたのが五十代ぐらいのマサさん（仮名）という警察官だった。

調べてみるということで奥に行ったが、しばらくしたら戻ってきて「届けられてますよ」と言ってくれた。

僕はものすごく嬉しくて、世の中捨てたもんじゃないなと思った。

別の交番に届けられていたそうで、受け取るための諸々の手続きをおこなった。

その合間に談笑しながら、いつもの癖でつい「何か怖い話持ってませんか？」と聞いてしまった。

「なんでそんなこと聞くの？」

「いや僕、じつは怖い話の仕事してるんです。ありませんか？」

「実際ないよそんなこと」

「じゃあ、不思議な経験とかはないですか？　僕、じつはお稲荷さん大好きで、稲荷神社に行くたびに不思議なことがあって……そういう話も好きなんですけど」

「お稲荷さん、好きなんだね。じつはうちの実家もお稲荷さんを祀ってて。それでひとつ思い出したんだけど……」

何度も聞く僕に根負けしたのか、ようやくマサさんは自身の体験を話してくれた。


マサさんの茨城の実家には、小さいお稲荷さんの社がある。

これは屋敷稲荷という、家やその土地の守り神の一種だ。このお稲荷さんは、祀っていると大変なご利益があり、とくに失せ物探しに強いらしい。

マサさんのおじいちゃん、おばあちゃんが「探し物はどこにありますか」と念じると、

「どこどこにあるよ」「どこどこにしまってあるよ」

など、頭のなかに直接響くように声が聞こえたそうだ。

ご両親は、声は聞こえないものの、念じると探し物がある場所のイメージが頭に浮かび、見つけることができたらしい。

しかし、マサさん自身にはそのご利益を授かる能力はなく、声も聞こえないしイメージも湧かなかった。


そんなマサさんが十歳くらいの頃。

当時、ラックという白い老犬を飼っていた。

弱ってきてそろそろ危ないなということで、動物病院に連れていこうと思った。

だが、動物病院に連れて行こうとした矢先、ラックが家からいなくなってしまった。

逃げたのか、連れ去られたのかもわからない。

当然、家族は大変焦り、すぐに探しはじめたものの、町内どこを探してもラックは見つからなかった。

それで、家のお稲荷さんに頼もうと思った。

ご両親が「ラックはどこにいますか？」と念じた。だが、このときはまったくイメージが湧いてこない。おじいちゃんとおばあちゃんもすでに亡くなっていたので声を聞くこともできなかった。

マサさんもいちおう念じてはみたが、場所のイメージも湧かず、声も聞こえない。やっぱりこんなのまやかしじゃないかと憤った。


ラックを探しはじめて二日経った頃。

家で見覚えのないボールを見つけた。

バスケットボールくらいの大きさをした白いボールで、いつから家にあるかわからない。まるで急に出てきたようで、家族の誰が買ったわけでも、誰かが持ってきたわけでもない。なぜかいつのまにか家にあった。

ただ、ラックを探すことに比べれば、ボールなど大したことではない。家族の誰も、あまり気にしなかった。

その日にマサさんは両親に、

「仕事が終わったら俺らも探すから、お前も学校終わったら町内でラック探してこい」

そう指示されたので、学校が終わると、友だちとラックを探しに町内に出た。

だが、普通に探しても飽きると思ったそうで、その白いボールで友だちとキャッチボールをしながら町内を回ることにした。

キャッチボールを続けながらラックを探している最中、どこかのタイミングで手元が狂ったのか、ボールがポンと高く飛んでしまった。

そのボールが行った先は近所のお屋敷だ。塀で囲われていて、マサさんの家より遥かに大きい。その塀のなかにボールが入ってしまった。

マサさんはどうしようと思ったが、運よく塀が途切れている箇所を見つけた。隣に林があり、ここだけ塀が途切れていて完全に囲われているわけではなかったのだ。

なので、林を経由して塀のなかに入ってボールを取ろうと思った。

ただ、広い敷地のなかを闇雲に探しても大変だ。マサさんだけ塀の内側に入らず外に残り、「ボールが入ったのはここらへんからだよ」と、声を出し続けることにした。その声を頼りに友だちがボールが見つけるという方法だ。

やがて塀のなかから「声出して」と友だちの声が聞こえる。

「ここらへんだよ！　ここらへんからたぶん十メートルくらいのとこだよ」と位置を教えていると、

「あ!!」と友だちの叫ぶ声が聞こえた。

「どうした？」と聞くと「早くこっちこい！」と言うので、急いでマサさんもなかに入る。すると、光景を見てビックリした。

友だちがいるあたり、おそらくちょうどボールが落ちたあたりのところに、なんとラックがボールみたいに丸くなって震えているのだ。

予想外の発見に驚いたものの、マサさんたちはすぐさま動物病院に連れていって事なきを得た。

不思議なのが、キャッチボールをしていた白いボールは見つからなかったことだ。

「あの白いボールがラックのもとへ導いてくれたのか、もしくはあのボールそのものがラックだったのか。でも、ちゃんと家のお稲荷さんにお祈りしたらラックが見つかったんだ。だからお稲荷さんって本当に不思議だなぁって思った」

マサさんは懐かしむような表情でそう言った。

北海道の空き家

僕の友人で十歳の頃から付き合いのある渡辺という男がいる。彼は十代の頃からペンキ屋の仕事をしていて、僕と同じく怪談が大好き。

これはそんな渡辺が以前に勤めていたペンキ屋で、そこの親方から聞いた話である。


ある日のこと。仕事が終わり、片付けも終わっていつ帰ってもいい状態になってみんながタバコを吸いながらダラダラとしていると、いつしか怖い話の話題になった。

渡辺が自身の体験談などを話すと盛り上がったらしく、しばらく話題は怖い話で持ちきりになる。

そこへ親方が「なに話してるんだ」とやってきた。

「怖い話です。親方も怖い話とかありますか?」と渡辺が聞くと、

「怖い話ね。そうだな、俺はもう北海道には行けないんだ」と親方は答えた。

ここで渡辺は疑問に思った。怖い話ありますか？　という問いに対して「北海道には行けない」は答えにならない。

「どういうことですか？」と聞くと、親方が詳しく話してくれた。


親方は若い頃は大変アクティブな方だった。旅好きが高じて、いろいろな県に行ってはそこで働いて暮らし、お金が貯まるとまた違う県へ行くという生活を繰り返していた。

親方が一番居心地よく感じた場所が、北海道だった。

冬は厳しいが家賃は安い。料理も美味しく、あたたかい人で溢れている。

「もうここに一生暮らそう」そう思ったほどだった。


住んでいたのは二階建てのアパートの一室。

隣に住む人はスズキさんというひと回りほど歳上の男性で、このスズキさんとまだ若かった親方は非常に気が合った。

歳の差を感じないほど仲良くなり、頻繁にお互いの部屋を行き来してはお酒を飲んでいた。

そんなある日、どちらの部屋だったかは覚えていないそうだが、二人でお酒を飲んでいると、スズキさんがこんなことを言いはじめた。

「おいお前、知ってるか？」

「なんですか？」

「このアパートの隣に空き家にあるだろう」

「空き家……？　ああ、ありますね」

「あの空き家な、空き家じゃないんだよ」

「え、どういうことですか？」

「いや俺さ、この前アパートに帰ってきたときに、何気なくあの空き家のほうを見たんだよ。そしたらさ、閉まっている窓のカーテンの向こうにロウソクの光みたいなのが見えたんだ。人の影みたいなのも見えた。あそこ、誰かいるんだよ」

「へえ、そうなんですか」

「だからお前も今度帰ってくるときに見てみるといい。絶対誰かいるから」

「わかりました」

そのときはとくに気にも留めないまま、ぼちぼち飲み終えてそれぞれ部屋に戻った。

次の日。夕方に仕事を終え、アパートまで帰ってきた親方は、昨晩の話をふと思い出した。

(そういえばスズキさん、空き家に誰かいるって言ってたな)

そう思い、空き家のほうを見ると少しギョッとした。

たしかに誰かいる。

カーテンの向こうからロウソクのような光が漏れているし、人の影のようなものも見える。

ただ、隣とはいえ数十メートル離れていて細部まではよく見えない。何せ北海道は土地が広大なので隣家とはいえ遠いのだ。人影が気になったものの、わざわざ近くまでいってもっと確認しようという気持ちにはならなかった。もし危ない集団だとしたら、なおさら関わりたくはない。

親方はそのまま部屋に戻った。

しばらくすると、隣のスズキさんが帰ってくる音が聞こえたので親方はスズキさんの部屋を訪れた。

「スズキさん、確かにあの空き家に誰かいました」

「だろう？　あれ、なんなんだろうなぁ」

その晩はその話題を肴《さかな》に、二人はお酒を飲んだ。


しばらく経ったあるとき、親方は家の事情で神奈川県の実家に戻ることになった。

スズキさんは駅まで見送りに来てくれて「必ず戻ってこいよ！」と言葉をくれた。

その言葉通り、必ず戻ってくるという思いを胸に親方は実家に戻ったが、家の事情はなかなかに複雑だったらしく、しばらく実家に住み続けた。


親方が実家に戻って半年ほど経った頃。

親方がひとりで家にいるタイミングで電話がかかってきた。

「はい、もしもし」と出ると、

「おう！　元気にしてるか！」と懐かしい声が聞こえた。

「スズキさんじゃないですか！」

「久しぶり！　どうだい？　地元での暮らしは？」

「いやぁ、やっぱり地元は地元でいいですね」

「そんな寂しいこと言わないで早く北海道戻ってこいよ。いつになったら戻ってくるんだよ」

そんな感じで久しぶりにスズキさんと会話を楽しんだ。ところが、急に――

「なぁ、お前覚えてるか？」

スズキさんの声から感情がなくなったように、トーンが急に低くなった。

「なんですか？」

「俺、空き家の話、したよな？」

「空き家……？　あぁ、してましたね。誰かいる空き家」

「あの空き家なんだけどさ。この前またアパートに帰ってくるときに見たんだよ。もう癖になってたんだよな、あの家を見るのが。

そしたらさ。

いつもカーテンが閉まってるあの窓、カーテン開いてたんだよ。

あれ？　と思ってると、どんどんその窓になかの奴らが集まってきてさ。

老若男女っていうのかな、おじいさんもいれば若い女もいたし。

そんな奴らが無表情で白い顔して、なにか指差してんだよ。

なに指差してんだろう、と思ったらさ。

俺なんだよ。

俺を指差してんだよ。

……これ気持ち悪いよな。

これ気持ち悪いよな。

これ気持ち悪いよな」


「……スズキさん？　どうしたんですか？」

「それだけだから」

ガチャン、と電話が切れた。

――なんだいまの電話。

親方は心配になってスズキさんに掛け直そうとすると、プルルルとまた電話が鳴る。

「もしもし、〇〇さん（親方の苗字）のお電話でお間違いないでしょうか？」

「はい」と出ると

年配の女性の声だった。

「はい。そうですが、どちら様でしょうか？」

するとその相手、北海道時代の大家さんだった。

「あぁ！　大家さん！　お久しぶりです。どういったご用件で？」

「すみません。あなた仲が良かったからすぐに連絡しようと思ったのだけど、バタバタしていて遅れちゃって」

「はい。なんですか？」


「スズキさんが亡くなりました」

その言葉を聞いてギョッとした。

「え、いやあり得ないですよ。僕はいま、そのスズキさんと電話していたんです。いつ亡くなったんですか」

「一週間前です」

「一週間前……?」

「はい。部屋で亡くなっていて、事件の可能性もあるからと警察の方も来たんですが結局わからず、変死ということになったんです。ごめんなさい。連絡が遅れてしまって。その連絡です」

ガチャン、と電話が切れた。

その切り方に、もうこの件には関わりたくない、考えたくもない、というような大家さんの感情を察した。

――でも、どういうことだ?

スズキさんと電話した直後に、スズキさんが一週間前に亡くなっているという電話が来た。

ただ、なんとなく大家さんの電話が正しいと思える。

スズキさんは既に亡くなっていたんだ。

じゃああの電話は……と思ったとき、ふと思った。

――スズキさんは今あの空き家にいる。

根拠はない。でもなぜかそう思えてならない。
スズキさんはあの空き家から電話をかけてきた。
そしてスズキさんは、今度はあの家から人を指差す側に変わったんだ。
スズキさん、しきりに「いつ北海道に帰ってくるんだ?」と聞いていたな。
たぶん、いま北海道に帰ってあの空き家を見たら、今度は自分が指を差されて……。
……だめだ、もう北海道には行けない。
以来、親方は北海道に行ってない。

逃げられない祟り

「伊山さん、祟りってほんとにあるんですね」

数年前、二十代後半のカズキさん（仮名）が話してくれた。何かあったんですか、と聞くと、

「僕自身に何かあったわけではないんですけれども。大学時代、二人の先輩に可愛がられまして……」と、語りはじめた。

彼は大学のとき、Aさんと Bさんという二人の先輩に可愛がられていた。三人とも栃木県出身であり、東京の大学で知り合った折、故郷が一緒ということで意気投合して仲良くなって、三人でよく遊ぶようになった。

ただ、このAさんのほうが少し厄介な人だった。

なぜなら、彼は中型バイクに乗ってはしょっちゅう心霊スポットに、ひとりで肝試しに行くような人だったからだ。

だが、そのくせ霊の存在をまったく信じていなかったらしく、現地に着くと、「おい何か起こってみろよ！」とか言いながら、物を蹴っ飛ばしたり、何かを持ち帰ったりと結構な粗相をしていた。当然その話を聞いた二人は、「危ないからやめなって。いつか祟られるよ」と注意するが、

「大丈夫だよ、病気にもならないし事故にもあってないから」

と返され、心配だったが強くは止められなかった。

ある夏、Bさんは故郷に帰省する予定を立てた。ただ、栃木まで帰ろうにも旅費が足りない。BさんはAさんに相談した。

「ちょっといいかな」

「どうしたの？」

「あの、栃木帰りたいんだけど、お金がなくて……」

「ああ、よかったらバイクで一緒に帰る？　俺も帰りたいしさ」

型バイクで……。

「あ、ほんと⁉　そうしようよ」

と、バイクで一緒に帰省することになった。心霊スポットへさんざん赴いた、あの中

当日の深夜、Aさんが Bさんを迎えに行き、二人乗りで東京を出発した。

深夜だからかほとんど車は走っておらず、気持ちよく風を浴びながらバイクを走らせる。高速道路に入ってからも混雑はなく、爽快に飛ばす。

やがて、なだらかなカーブに差し掛かった瞬間、突然後輪がガチャンとロックされた。

えっ⁉　と、思ったときにはもう制御を失っている。

バイクはウィリー状態になりながら、そのままガードレールにバーーンと強くぶつかり、二人とも投げ飛ばされた。

ただ、二人とも運がよかった。ガードレールの外側まで飛ばされたため、後続車に轢《ひ》かれずに済んだのだ。どたどたっと、強く地面に打ち付けられ、二人は意識を失った。

後ろに乗っていたBさんが先に目を覚ました。

（何が起こったんだっけ？　……そうだ、事故に遭って）

直前の記憶を思い出す。身体じゅうが痛い。どうやら骨折しているようだ。血もたくさん出ている。

「うっ」

声が出ない。出そうとすると、すぐに詰まってしまう。

Aさんを探すと、彼は遠くのほうに転がっていた。

生きてはいる。ただ、意識はないようだ。白目を剥いたまま、口から泡を吹いている。

大丈夫かと思って見続けていると、Aさんの身体が突然、びくっと動いた。

意識が戻ったのかと思いきや、違った。白目を剥いたままだ。

だが、身体はびくっびくっと、痙攣《けいれん》している。そのまま声も出せずにじっと見ていると、Aさんは背中から這うように動きはじめた。

（え？　なんで？）

仰向けのまま少しずつ動いている。

どこに向かってるんだろうとと思い視線で追うと、まさかのガードレールに向かっている。

「うっ、うっ」

危険を知らせなければと思うが、声が出せず詰まる。

（おい、危ない！　危ない！）

そのまま少しずつ動いていき、ガードレールに近づく。やがて、ガードレールの下を潜り抜けて――

そのまま、トラックに轢かれて亡くなった。


Aさんは頭から潰されたそうだ。

なので、葬儀は遺体がないまま行われた。

カズキさんはその葬儀に参加してきたという。

「だから、伊山さん、祟りって本当に怖いんですね。一回助かったと思ったのに、Aさん、亡くなったんです」

――僕、ほんとに強く止めるべきだったと思ってます。

少し俯《うつむ》きながら、そう後悔の念を口にした。

探さなくていい物

心霊スポットにまつわる体験談は大きく二つに分かれる。

ひとつは心霊スポットで心霊現象が起こるパターン。もうひとつが心霊スポットに行ったあとで心霊現象が起こるパターンである。

僕は後者の〝行ってから何か起こるパターン〟のほうがより嫌だ。

なぜなら、それは〝何か〟を連れて帰ったというわけで、いつその心霊現象が終わるかもわからないという恐怖もあるからだ。


左記の体験談は後者のパターンだ。二〇二二年二月に聞いた話である。

僕が勤めている怪談BARスリラーナイトに三人組の男性のお客様がいらっしゃった。

大変怪談がお好きな方たちで、この三人でよく心霊スポットにも行っていたそうだ。

ただ、とあることがきっかけで行かなくなった。

聞けば、三人には共通の友だちがいて、その兄であるTさんのお話を聞いてから行くのをやめたそうだ。


このTさんも、昔は心霊スポットに行くのが大好きな方だった。

よく車に乗っては同じように三人で心霊スポットに行っていた。

ある日のこと、Tさんを含めたいつもの三人で、心霊スポットに行くことになった。

今回は結構な遠出で、彼らは関東在住にもかかわらず関西まで行く。

もちろんほかに観光目的もあったが、一番のメインイベントはやはり夜の心霊スポットでの肝試しだ。

向かった場所は、関西でも有名な廃病院。関東から来たこともあって、期待は大きかった。

ただ、実際に現地を訪れるも、何も起こらない。

たしかに夜の廃病院なので雰囲気は怖い。だが、ラップ音すら聞こえず、何も起きないまますべての階を回り終えてしまった。

期待外れの結果に落胆しながら、病院から出て車に乗り込む。その帰り道のこと――。

車通りも人通りもまったくない一本道を走っていると、運転手の友人が「あれ？」と言う。

「どうした？」とTさんが聞くと、

「スマホがない、落としたかも……。もしかしたら、さっきの廃病院に落としたかもしれない」

「だとしたらめんどくさいな。持ってきてないか、一回ちゃんと探そう」

そう決めて、踏切の手前で車を停めた。助手席に座っていたTさんは助手席辺りを、ほかの友人もそれぞれの周囲を探しはじめる。

三人で車内をごそごそ探していると、Tさんはあることに気がついた。

横を見ると「スマホどこだ？　スマホどこだ？」と探している運転手の友人が、手にスマホを持っている。

「おい、持ってるじゃんか」

Tさんがそう言うも、なぜか聞かない。

「どこ行った？　どこ行った？」と探し続けている。

「お前何言ってんの？　手に持ってるだろ？」

後部座席の友人も気づいて指摘しても、運転手の友人は手に持ったまま探し続けている。

やがて、その運転手はドアを開けて車を降りた。

「どこ行った、どこ行った」と、手にスマホを持ち続けたまま、スマホがあるわけもない地面をくまなく見ながら歩いていき、どんどんと踏切に近づいていく。

二人も降りて「おい、何やってんだよ」と言っても、まったく聞かない。そのとき、カーンカーンと踏切の遮断機が降りはじめた。

電車が近づいてくる。

それでも構わず運転手は進んでいき、踏切のなかに入ったところで遮断機が降りきった。

「おい！　危ないぞ！」

二人もなかに入り、彼を外に出そうとする。しかし、なぜかその友人は二人がかりでも動かない。すると——

「あー！　ここにあったぁ！」

踏切内の線路を指さして叫んだ。

見れば、スマホはおろか何も置かれてない。

そして彼は、スマホを持った手をレールに近づけ、スマホを拾ったかのような動作をした。

そしてスマホを持った手を掲げて「ほらぁ！　ここにあったよぉ！」と言う。

そのあいだにどんどん電車が近づいている。

「早く戻れ！」と、二人でなんとか動かそうとするが、まだ動かない。


電車の警笛が鳴り響く。

もう無理だ、と二人がさっと踏切から出る。

「ここにあったぁっ！」

笑顔でスマホを掲げながら、彼は二人の目の前で電車に轢かれて亡くなった。


この出来事はもちろん、新聞沙汰になった。

そういうことを経験したTさんに「心霊スポットはもう行くな」と真剣に止められて

以来、三人は行かなくなったとのことである。

親切すぎる住人

二〇二二年八月に聞いた話である。

僕の勤めている怪談BARスリラーナイトに二十代後半のTMさんという男性が来店した。初来店だったが、とても興味深いお話を教えてくれた。

TMさんが高校生の頃のことである。

地元の先輩であるリサ（仮名）さんが、大学に入学したにもかかわらず、たったの数ヶ月で辞めてしまった。

「何かあったんですか？」と聞くと、リサさんが教えてくれた。

リサさんは地元から離れた、岡山県のとある大学に進学した。進学を機に、岡山県で独り暮らしをはじめた。

その場所は岡山県内にある、とあるマンション。三階建てのうちの二階だった。

引っ越してすぐのこと。引っ越しの挨拶をということで、菓子折りをもって両隣と真下、真上の部屋をそれぞれ訪ねた。

すると、真上の部屋は年配の女性だったが、とりわけ暖かい対応をしてくれた。

「引っ越しの挨拶にきました」と言うと、

「あら、女の子ひとりで住むの？　大変ねぇ」と、そこから親身に話を聞いてくれる。

「自炊とか大丈夫？」と聞いてきたので、リサさんは正直に言った。

「いえ、独り暮らしが初めてなんで、それがちょっと心配なんですよね」

「ああ、よかったらなんだけどね。うちの家、家族多いから、ひとりぶんくらいごはんの量が増えたって別にかまやしないのよ。いつでもお裾分け、もらいに来てもらっていいからね」

「ありがとうございます！」

なんともありがたい申し出に感動しつつ、リサさんは挨拶も早々に部屋へ戻った。

「はい、これお裾分け」

それから一週間も経たないうちに、リサさんがお裾分けをもらいに行くまでもなく、上の女性が自らタッパーに料理を詰めて持ってきてくれた。

「ありがとうございます」と受け取ると、結構な量があった。

「ほんとに独り暮らし大変だと思うけど、頑張ってね。前も言ったけど、ひとりぶんぐらい量が増えたって、こっちは全然かまやしないから」

「ありがとうございます。このタッパー、ちゃんと洗ってすぐにお返ししますね」

「どうせまたすぐね、持ってくるしね、溜まってからでいいわよ、返すのは」

そう言いつつ、女性は上の部屋へ戻っていった。

お裾分けを食べると、とても美味しかった。

ただ、なぜだか匂いはほとんどしなかった。


「はい、これどうぞ」

さらに一週間ぐらい経ったあと、また上の女性がやってきた。

料理が詰まったタッパーを携えている。これまた結構な量だ。

「ありがとうございます。この前のタッパーお返ししますね」

「いいの、いいの。溜まってからでいいから」

そう言って空のタッパーは受け取らずに、女性は帰っていった。

料理を食べると、今回もとても美味しかった。

だが、この料理もなぜか匂いがしない。

それからもお裾分けは一週間に一度の頻度で続いた。

毎回結構な量があり、食費の節約にもなる。リサさんは次第にそのご飯をあてにするようになっていった。

だが、なぜか上の女性はいっこうに空のタッパーを「溜まってからでいいから」と、受け取ろうとしなかった。


引っ越してから二ヶ月ぐらい経ったある日、リサさんは大学でできた友だちを自分の家に招いた。

大学の帰りにその友だちと一緒に帰ってくる。マンションに着いて階段を上っていると、途中の階段の踊り場に差し掛かったときに、あっ！　と思った。

上の階から、いつもお裾分けを持ってきてくれる女性が降りてきたのだ。

リサさんは立ち止まって、「こんにちは！」と挨拶した。

「あら、今日はどうしたの」

「友だちを連れてきたんです！」

「そうなの、仲良くね」

女性はそう言って一階へ降りていった。しばらく立ち止まって会話していたので、後ろの友だちに「待たせてごめんね、じゃあ行こっか」と声をかける。

すると、友だちは口を開けた、ぽかんとした表情をして言った。

「あんたいま、何してたの？」

「何してたのって……。見ればわかったと思うけど、ここに住んでるおばあちゃんに挨拶しただけだよ。いつもお裾分けくれるの、あの人」

そう言うも、友だちはまだ釈然としない表情だ。

「何？」

「いや、あんた……急にここで立ち止まって、ひとりでぼんやり突っ立ってただけだよ。

それから急に、じゃあ行こっかって言うから、何事かと思った」

「え、いまおばあちゃん降りてきて、私会話してたでしょ？」

「そんな人いない。あんたはずっとぼんやりしてただけだし、誰も降りてきてないし、誰ともしゃべってもない」

友だちはそう言う。リサさんは女性と会話をしたはずだが、それを傍から見ていた友だちからすると、急に立ち止まってぼんやりとしていたらしい。リサさんの主観と友だちの見た光景や状況がまったく違うのだ。


気持ち悪さが拭えないが、そのままそこで話していても変に空気が悪くなるだけなので、リサさんはひとまず自分の部屋に招き入れた。

ただ、先ほどのことがあったので、会話はまったく弾まない。そのうえ、

「あんた、ちゃんとご飯食べたほうがいいよ」

友だちはしきりにそう言ってくる。

「しっかり食べてるし、お裾分けももらってるから」

そう反論しても、何度も同じようなことを言ってくる。

ますます空気が悪くなり、予定よりだいぶ早くに友だちが「また今度遊びにくるわ」と言って帰っていった。

（せっかく友だちを招いて遊ぼうと思ったのに、なんかちょっといやな感じになったな。モヤモヤするなぁ）

そう思っていると、携帯電話が鳴った。

誰だろうと思い画面を見ると、電話をかけてきた相手はリサさんの母だった。

「どうしたの？」

「いや、変なことを聞くけど、あんた最近大丈夫？」

「なんで？」

「おばあちゃんがね……」

「おばあちゃんに何かあったの？」

「おばあちゃんがね、毎日、あんたの夢見るって言うのよ。で、夢のなかでいつもあんたが、泣いてるらしいのね。

おばあちゃん、最初それは独り暮らしをはじめたリサのことを心配してるからこういう夢を見るのかな、って思ってたらしいんだけれど、あまりにもそんな夢ばっかり見るから、ひょっとしたらリサの身に何かあったんじゃないか、って感じで、私に電話かけろって言うの。だからいまかけてるんだけど、なんか変なことあった？」

——変なこと。

あった。まさに先ほどの出来事だ。それを母に説明すると、

「ほんとに？　とにかく心配だからいつでも地元に帰ってきていいからね」

そう言われ、電話は終わった。

リサさんは改めてさっきの出来事を考えるも、やはり友だちの証言は釈然としない。

あの女性からはいつもお裾分けをもらって食べているし、そのタッパーも溜まって食器棚にたくさんある。

友だちはそんな人は見えなかったと言っていたけれど、食器棚にあるタッパーが『あのおばあちゃんは幽霊や不思議な存在ではない』という物的証拠になる。

つまり、あのときおかしかったのは友だちのほうだ。リサさんはそう結論づけた。

（あれ？）

食器棚に行ってみると、おかしいこと気がついた。

いつも溜めていたお裾分けのタッパーや鍋が、すべてなくなっている。


（おばあちゃんなんて、いない？）

タッパーがないということは、友だちの言う通り女性は存在していないのではないか。

（私はいつも食べていたつもりで……。だけど、何も食べていなかった？）

そう思い、鏡を見たら、ガリガリに痩せこけた自分が映っていた。いままで鏡を見るときはまったく違和感なんて覚えなかったのだが。

（やっぱり食べてなかったんだ……）

「あんた、何か食べたほうがいいわよ」という友だちの言葉も、すんなり腑に落ちた。

（じゃあ、あのおばあちゃんはなんなの……⁉）

リサさんはすぐに部屋を飛び出し、上の部屋へ行ってインターホンを押した。すると、人が扉が開いて人が出た。

だが、目の前にいるのは、まったく知らない中年男性だ。

「あの……ここに住んでるおばあちゃんにいつも良くしてもらってたんですけど……」

焦りつつリサさんが尋ねるも、その男性は「そんなおばあちゃんはここには住んでない」と言う。

つまり、あの女性は存在しない人だったのだ。

いつも自分に目をかけてくれて、ご飯をくれる優しい人だと思っていたけれど、実際は自分のことを衰弱させていたのである。

このことに気づいてから恐ろしくなってすぐに地元に戻った。それ以来、トラウマのようになって岡山県に戻れなくなってしまった。

結果的にリサさんは大学を辞めて、すぐに地元で就職したそうだ。

リサさんは二ヶ月ものあいだ、ずっと女性と、その料理とタッパーの幻を見せられ続けていたのだろうか。

完璧なお客様

僕によく怪談の提供をしてくださる、四十代のたまさんという男性から聞かせてもらった話である。

たまさんは二十代の頃から医療系の仕事をしている。仕事の関係で日本のあちこちに出張で行くことも多い。大変怪談好きな方でもあり、出張の際に怪談を集めることもしばしば。

今年の春ごろ、たまさんは出張で埼玉県に行った。

その日は終電までには帰れると思ったそうだが、仕事が長引いて終電に間に合わなくなってしまった。

仕方なく適当なバーを見つけて、始発まで時間を潰すことにした。

たまさんが入ったお店は、ビルの階段を降りて地下にあるバー。そこがたいへん変わった店だったらしい。

というのも、マスターが道楽でやっているお店なのだ。

いちおうは夜九時から朝五時までが営業時間だそうだが、時間通りに開けることはあまりなく、好きなときに開店して好きなときに閉めることがほとんど。お店を気に入ってくれたお客とはＬＩＮＥ交換をして、もし開いてなかったらすぐに呼び出してくださいというシステムになりつつあるそうだ。

かかっているジャズのＢＧＭや内装の置物、本などはすべてマスターの趣味。きっとお金持ちの方なのだろう。まだ三十代のマスターが採算度外視で、ただただ「自分がバーテンダーをやっている」「マスターをやっている」というロールプレイができれば御の字という店だったのだ。

そんなマスターにたまさんが「怖い体験とかありますか？」と聞いてみた。

マスターは怖がりらしく、そういう話は苦手であるそうだが、二年前にこの店で不思議な体験をしたという。

ある火曜日のこと。

珍しくマスターは気まぐれで時間通りにお店を開けた。

誰か来るかな、と待っていると階段を誰かが降りてくる。そして店のドアの前で止まった。

ドアは一部が磨りガラスになっていて外が透けて見える。シルエットを見るに、どうやら男性らしい。

男性はドアを少しだけ開けて「やってますか？」と顔を覗かせてきた。

このとき、マスターは少し驚いた。

というのもその男性、顔立ちが整った青年で初めて見るお客様だった。こういう店だから、若い一見客の方が来るのは珍しいのだ。

「やってますよ」と言うと、

「ここ、飲み屋なんですよね？」と聞いてくる。

「そうです。どうぞお掛けください」と、その青年を招いた。

なぜこのお店に来たのか聞いてみると、どうやらこの青年はバー巡りが趣味らしく、偶然ここの店を見つけたとのこと。

この青年、マスターととても気が合った。

「あれ、このBGMって、誰々のジャズの演奏ですよね！」だとか、

「あ、この置物、僕も欲しかったんです！」だとか、好きなものが一致する。

そして青年はブックカバーで覆われた本を持っていたが、「何読んでるの？」とマスターが見ると、その本はマスターが三日前に買った本とまったく一緒だった。

すぐに意気投合した二人。

青年は、マスターいわく俳優の小池徹平さんに似ていたそうで、マスターは青年にテッペイ君とあだ名をつけた。

彼は高価なウイスキーを三、四杯飲み、一時間くらいマスターと会話を楽しんだらサッと会計をして帰っていった。

まだ若いのにテッペイ君は飲み方もスマートだったそうだ。

とても気持ちの良いお客様。また来てくれないかなとマスターは思った。


翌週、テッペイ君がふらっとまたお店に来てくれた。

「おお！　テッペイ君！」と、また会話が盛り上がる。

そして一時間くらい飲んだらスマートにサッと帰る。

以来、テッペイ君は毎週来てくれるようになった。

毎週、火曜か水曜のどちらかに来るので、マスターは火曜と水曜は時間通りにお店を開けるようになった。

というのも、テッペイ君はマスターにとって「自分がマスターをやっている」というロールプレイをするには完璧なお客様だったからだ。

それから数週間後の火曜日のこと。

マスターは寝坊などが重なって開店時間にお店を開けることができなくなってしまった。いつもテッペイ君は開店時間の少しあとに来るので、もしかしたらもう来ているかもしれない。

急いでお店に向かうと、案の定、お店に降りる地下の階段からテッペイ君が上ってくるところだった。

「ごめん、テッペイ君！　俺こういう性格だからたまにこういうことがあるんだ！　すぐ開けるから中に入って！」とテッペイ君を店に招く。

テッペイ君が席についたあと、「良かったらテッペイ君、ＬＩＮＥ教えてくれないかな？　またこういうことがあったらすぐにお店開けに来るから！」と、マスターはそこで初めてテッペイ君のＬＩＮＥを聞いた。

以来、テッペイ君は来る前はＬＩＮＥの一報をくれるようになった。

ＬＩＮＥもスマートで、「今から行きます」や「今日はありがとうございました！」などやり取りは必要最低限。距離感もしっかりしている。

本当に最高で完璧なお客様。

ただ、一度だけ「今から行きます」と連絡をもらったのちに「やっぱり今日行けそうにありません」と続けてメッセージが来たことがあった。

翌週はいつも通り来てくれたので「先週どうしたの？」と聞くと「いや……」とあまり話したがらない。

これは踏み込んではいけないことなんだな、と察してそれ以上は聞かなかった。

テッペイ君との付き合いがはじまってから一年近く経ったある火曜日のこと。

その夜もマスターはテッペイ君が来るかもしれないので時間通りにお店を開けていた。

すると、階段を誰かが降りてきて店の前で止まった。

磨りガラス越しに見ると、女性のようだ。

誰だろうと思っていると、ガチャッとドアを開け顔を覗かせて「……やってますかぁ?」と聞いてくる。

それを見た瞬間、マスターはすぐにこの女性が普通じゃないと思った。

なぜなら、長い黒髪がボサボサの状態でまったく手入れされているようすがなく、化粧もしていなかったからだ。若そうではあるけれど妙に老け込んでいて、年齢がわからない。目も少し常軌を逸している感があった。

そんな女性が「やってますかぁ?」と何度も聞いてくる。一瞬追い出そうかとも思ったが、まだ何かやらかしたわけではない。

いちおう「はい。やってます。どうぞ」と席に案内した。


ただこの女性、ほぼ何もしゃべらない。

ウーロン茶を注文したので出したのに、まったく口をつけない。

「お酒好きなんですか?」などと声をかけても何もまったくの無視。

ただ、何かを待っているかのようにずっと黙っている。

どうしようと思っていると突然、

「私、人を探してるんです……」と口を開いた。

「そうなんですか」

「はい。私、人を探してるんです……」と、うわ言のようにまた繰り返す。

会話もできないタイプに思えた。この人はやばいと本能が訴えかけてくる。

「それで私の探してる人、この店によく来てるそうなんです……。だから教えてくれませんか?」

いよいよやばいと思った。

「すみません。そういうのは個人情報なので教えられないんです」

「でも私、その人の彼女なんです。だから教えくれませんか?」

マスターいわく、たまにこういう方がいるそうだ。

常連客のなかにタレントさんもいて、その人の親戚だとか彼女だとかを偽って近づこうとする悪質なファンもいるらしい。

この女性もそういう狂信的なストーカーだと思った。

「だから、教えられません！」と突っぱねると、

「この人が私の彼氏です。知りませんか……？」とスマホの画面を見せてきた。

スマホを見て驚いた。画面に写っている人物はテッペイ君だったのだ。

（え……テッペイ君、こんなヤバい女性と付き合っているのか？　いや違うな。きっとこの女性が自分を彼女と偽っているに違いない）

そう判断したマスターは、

「とにかく、教えられません！　もう代金もいらないのでそのウーロン茶を飲んだら出てってください！」と強く言った。

するとその女性、結局ウーロン茶を飲まず、憮然とした顔をしてお店を出ていった。

ただ、この日は火曜日。もしかしたらこのまま店の前でテッペイ君はあの女性と鉢合わせになるかもしれない。詳しいことはあとで聞くとして、まずテッペイ君にＬＩＮＥで「いまはお店来ないほうがいい！」と送ろうとすると——

……あれ？

テッペイ君とのトーク画面を見返すと、自分だけのメッセージしかないのだ。

「今やってるよ」「お店で待ってるよ」そんな自分からテッペイ君に送ったメッセージしかない。

テッペイ君が消したのかな?

そう思ったが、消したら「このメッセージは削除されました」と出るはずだ。その表示すらなく、自分だけのメッセージばかりが並び、既読もついてない。

いつからだ? と遡ると、昔はちゃんとやり取りしている。

しかし、あるタイミングから自分だけのメッセージしかなくなっている。

どういうことだろうと思っているうちに、テッペイ君のＬＩＮＥアイコンが妙に気になった。

そのアイコンはテッペイ君が彼女と思しき女の子と二人、笑顔で写っている写真。いままではとくに意識していなかったが、さっきの女性とのやり取りもあって、そのアイコンが妙に気になった。

タップして拡大してみると、テッペイ君の横にいる女性は黒髪のショートカットで目がクリッとしたとても可愛い女の子。ただ――

さっきの女性と、似ている。

雰囲気はまるで違う。髪の長さも目つきも肌ツヤも。

だが、顔立ちがとても似ていたのだ。

もしかして……本当に彼女だったのか？

そう思っていると、先ほどの女性がまたドアをガチャッと開けて、「諦めきれないんです。あの人、来てるか教えてくれませんか？」と言いながらまた入ってきた。

一度ちゃんと話を聞こうと思って「どうぞ座って」と席に案内する。

「本当に彼女なの？」と聞くと、「はい、そうです。」と言う。

「君の言っていることが事実なら、カップルなわけだよね？　なんで探してるの？　なんで会えてないの？」と聞くと、

「私の彼氏、死にました」

女性はそうつぶやいた。

「……え？」

「私の彼氏、死にました。

でも私、あるときふっとあの人がまだこの世界にいる気がしたんです。

実際、私の知り合いの何人もの人が、この店にあの人が死んでからも来ているところを見てるんです。

だから私、会いたいんです。あの人、来てませんか？」

……どういうことだ？

だって先週もテッペイ君はお店に来ている。

死んだということにして、この女性から逃げたとかではないのか。

そう思い「亡くなったのは確かなの？」と聞くと、

「はい。半年前にデート中、私の目の前で車に撥ねられて即死しました。

通夜にも葬式にも行きました。すごく悲しかった。すごく泣きました。

でも、ほんとになぜかふと、あの人がまだこの世界にいる気がしたんです。

それからずっと探してるんです。だから教えてください。あの人は来てるんですか？」

それを聞いてマスターは混乱した。

半年前に亡くなっている？　だけど、それからもお店に来ているし、ＬＩＮＥだって

……。

――ＬＩＮＥ？

改めてテッペイ君とのトーク画面を確認すると、昔はたしかにやり取りをしていたが、あるタイミングから自分だけのメッセージになっている。

そのタイミングが約半年前。最後にテッペイ君から来ていたメッセージが、「やっぱり今日行けそうにありません」だった。

女性に聞くと、テッペイ君はその日に亡くなっていたそうだ。

ただ、不思議なのはここ半年間の売り上げ帳簿は過不足がなく、その間にテッペイ君が飲んだウイスキーも、そのぶんだけ減っていた。

テッペイ君が幽霊になってもお金を払ってお酒を飲みに来たのか。

それとも、もしくはマスターは気づかないうちにテッペイ君の霊に取り憑かれて、マスターをしながら、テッペイ君のロールプレイをしてひとり二役でお酒を飲んでいたのか。

いまとなってはわからないという。

その後、その女性といつも通りテッペイ君（の霊）が来るのを待っていたそうだが、彼が来ることはなかった。

以来、彼は二度と姿を見せてない。


この話をマスターから聞いたたまさんは、ひとつ不思議な点に気づいた。

死後に来たＬＩＮＥがその後消えていたとするなら、「やっぱり今日行けそうにありません」は、生前に送ったメッセージということになるのだろうか。

シンプルにデートの予定が入ったからという理由もありそうだが、自分の死を予期してこのメッセージを送った可能性もあるのではないか。

そんな不思議な疑問が脳裏をかすめたそうだ。

止められなかった会話

前話の「完璧なお客様」の舞台である埼玉県某所のバー。

この体験談を、マスターからたまさんが聞かせてもらったあとに、たまさんの横に座っていた女性客が「私もしゃべっていいですか?」と会話に入ってきた。

その女性を仮にA子さんとする。二十代の女性で、一時期デリヘル嬢の仕事をしていた。だが、一ヶ月ほどですぐに辞めてしまったそうだ。

「なぜですか?」と、たまさんが聞くと子さんが話しはじめた。

デリヘル嬢の女の子たちが仕事を待つ待機場があるが、その待機場でいつも「あそこもう行きたくない」と話題になっているホテルがあった。

どうやらそこは幽霊が出るらしい。店の女の子はもう何人も見ている。

そして幽霊が出るきっかけまでわかっていた。

どうやらそこのホテル、かつて女子高生が援助交際をした際に相手に殺されるという事件があったのだ。

それ以来、その女子高生の幽霊が出るという話だった。


幸いにもA子さんはそのホテルに呼ばれたことはなかったが、ある日ついに呼ばれてしまった。

嫌だなと思いながらホテルに向かう。

どうやらお客様は五階の客室にいるらしい。

ホテルに入ると、エレベーターは上の階に止まっていた。

ボタンを押してエレベーターが降りてくるあいだ、しばしスマホを弄《いじ》っているとエレベーターが降りてきた。

チン、と音が鳴ってドアが開く。

入ろうしたが一瞬、躊躇《ちゅうちょ》した。

というのも——

視界の隅に見えるのだ。

制服を着た女子高生の下半身が。

自分はスマホを弄っているので視界は下向きになっているが、エレベーターのなかにいるのがわかる。

どうしよう、たぶんこれは幽霊だ。

エレベーターはもう一台あるが、それに乗ろうかも悩んだ。

もしここで乗らなかったら、この幽霊に「こいつは見えてる」ときっとバレてしまう。

そちらのほうが嫌な予感がする。

結果、A子さんは気づかない、見えないフリをして目の前のエレベーターに乗り込んだ。

当然、怖いので五階に着くまでスマホは弄ったまま。

後ろにずっと女子高生は動かずに立っている。

やっと五階につき、すぐにエレベーターを出たA子さんはお客様が待つ客室に向かった。

ドアをノックし、「待ってたよ」と迎え入れてくれたお客様を見て安堵したのも束の間、A子さんは気づいてしまった。

部屋の奥に、女子高生が立っている。

（なんで⁉　さっきまでエレベーターにいたのに！　もしかして私が見えてるってことはバレてるの！）

動揺しながらもお客様はまったくその存在に気づいていなかったので、また気づかない、見えないフリをして部屋に入った。

お客様とのプレイがはじまっても、まったく集中できなかった。こちらに顔を向けることもなく立っている女子高生が、たびたび視界に入ってしまい、怖くて仕方がない。

やっとプレイが終わり、部屋から出る時間。

お客様と一緒に退出する流れだったので、何気なく急かしながら部屋を出た。

そのあいだもずっと女子高生は部屋に佇んでいた。

廊下に出てエレベーターのボタンを押す。

チン、と音が鳴ってドアが開く。

開いた瞬間にA子さんは悲鳴を上げそうになった。

エレベーターに、女子高生が立っている。

確実にもう自分が見えていることはバレているとわかった。すべて先回りしてそこにいる。

もうどうしようもないので、そのままお客様とエレベーターに乗り込んだ。

早く一階に着いてほしい。

もうこんなホテル二度と来たくない。

そう思っていると、お客様がニヤッと笑って「あ、ねえ。知ってる？」と聞いてきた。嫌な予感がする。おそらくこの表情と声色から、いまからこのお客様は「昔、女子高生が援助交際してそのまま殺されたホテルがあるんだけどさ。以来、その女子高生の幽霊がそのホテルに出続けるんだって。そのホテルがここなんだよ」とか言うんじゃないか。

その女子高生が、いままさに同じエレベーターに乗っている。

事件のことを話すとどうなるかわからない。何か恐ろしいことになる予感がした。

必死にそのお客様の言葉を止めようとしたが、咄嗟なので言葉が上手く出てこない。

「え」とか「あの」とか言っている間に、ついにお客様が、

「昔、女子高生が援助交際してそのまま殺されたホテルがあるんだけどさ。以来、その

女子高生の幽霊がそのホテルに出続けるんだって。そのホテルがここなんだよ」

と、言ってしまった。

どうなるんだろう……。

そう思っていると、いままでまったく動かなかった女子高生が、急にずいっと自分の顔の目の前まで来て、

「それ私それ私それ私それ私それ私それ私」

と、言ってきた。

ギャァと悲鳴を上げたと同時にエレベーターの扉が開く。

A子さんはお客様を置いてすぐにホテルから逃げ出した。

以来、怖くてすぐにその仕事は辞めたという。

「私、いまだに考えてるんですけど、あのときどうやったらあの会話って止められたんですかね……」

知っている光景

僕が勤めている怪談ＢＡＲスリラーナイトにて、二〇二三年九月に聞かせて頂いたお話である。

スリラーナイトスタッフの女の子の知り合いが三人で来店された。そのうちのひとりが林さんという二十代の女性で、現在はイベント会社で働いている。

数年前のこと。

林さんは当時、別の仕事をしていて夜勤が多かった。

当時は某アーティストの追っかけもしていた。そのアーティストは吉祥寺でライブをすることが多く、ライブがあるたびに足を運んでいたという。

ある日、そのアーティストのライブが吉祥寺でまた開催されることが決まった。

林さんは、いつも通り行こうと思ったが、少し困ってしまった。

というのもそのライブ、昼公演だったのだ。

彼女は前日に夜勤のシフトが入っていて、終わるのは朝。家は吉祥寺からそこそこ離れていて、いったん帰って吉祥寺に向かうとなると睡眠時間はあまり取れない。

どうしようと困っていると、それを聞いた吉祥寺に住む友人が助け舟を出してくれた。

「よかったら、仕事終わりにそのまま私の家に来て仮眠を取っていっていいよ」

その友人の家に行くのは初めてだ。林さんはこれ幸い、とありがたくその申し出に甘えることにした。


ライブの日の前日、奇妙な夢を見た。

それは吉祥寺駅でその友人と朝に合流するところからはじまる夢だった。

どうやら友人は家に向かっているらしく、そのあとを林さんはついていく。

そんな二人のあとを、駅から知らないおじさんがずっとついてくる。

気持ち悪いと思ったが、友人は気にせず歩き続ける。

自分たちが角を曲がったり道をまっすぐ進んだりしても、そのおじさんはずっと無言でついてくる。

そのまま進み続けると自動販売機があり、その先の角を曲がったところがどうやら友人の家らしい。

そして、自動販売機を越えたあたりで——。

後ろのおじさんが急に走りだし、襲いかかってきたのだ。

キャー！　という悲鳴を上げたと同時に、林さんは目が覚めた。


気持ちの悪い夢だった。気分が優れないまま仕事に向かう。

やがて夜勤が終わり、朝に吉祥寺駅で友人と合流する時間。

無事に合流を果たした林さんは、友人の後ろをついて家に向かう。

あれ？　と道中、何かに気づいた。

初めて行く家なのに、その道に既視感がある。

夢で歩いたルートとまったく一緒なのだ。


え、じゃあ、もしかしたら……。

と思い、急いで後ろを振り向く。

しかし、心配は杞憂に終わり、後ろをついてくるおじさんはいなかった。

ほっと胸を撫で下ろし、そのまま友人のあとをついていく。

ただ、やはり友人が歩くルートは夢で見たルートとどこまでも一緒。あの自動販売機もそろそろ見えてくる。夢と一緒で、自販機の先の角を曲がったところが友人の家らしい。気持ち悪い偶然に動揺しつつ、そのまま歩き続けて自動販売機を通り過ぎた。

夢だと、ここでおじさんが襲ってきたんだよね……。

そう思い、改めてここで振り返って後ろを見ると、おじさんはいない。

ただ、すぐにギョッとした。

横目に通り過ぎる自動販売機。その側面に張り紙が貼ってある。そこに――

『夢で見た光景』

そう書かれていた。

力強い手書きの文字で書かれているが、誰がなんの目的で書いて貼ったのかわからない。

それがあまりにも気持ち悪くて、友人の家に着いたあともろくに仮眠が取れず、結局ライブもあまり楽しめなかった。

いったいあの張り紙はなんだったのか。自分の夢の内容を知っている者が書いたものなのか。

以来、林さんは怖くなり、二度と吉祥寺には行っていないそうだ。

窓から見えるモノ

僕が勤めている怪談BARスリラーナイトで、数年前に聞かせて頂いたとても奇妙な話である。

あるとき、ホストの男性Rさんが来店された。初来店で、ありがたいことにお店を気に入ってくれた。

「何か霊体験などありますか？」

とRさんに聞いてみると、高校生の頃のお話をしてくれた。

美容師一家に生まれたRさんは、当時は二階建ての実家に住んでいた。実家の右隣には親が経営する美容室があり、左隣には同じく家が経営する駐車場がある。

この実家が、あることをきっかけに途端におかしくなっていったそうだ。

夏休みの昼間のこと。

Rさんも含め、その日は家族みんな家にいた。Rさんはふとトイレに立つ。トイレは一階と二階両方にあるが、このときは一階の玄関横のトイレに行った。

トイレに向かって廊下を歩いていると、玄関のドアがガチャっと開いて誰か家に入ってくる。

見れば、父親だ。

あれ？　いつの間に外に出ていたんだろう。

と思っていると、父はそのまま一階のトイレに入っていった。

タイミング悪いな……。まぁいいや、二階で。

そう思いつつ、階段を上って二階へ着いた。

トイレに入ろうとしたら手を伸ばすと、後ろの部屋のドアがガチャッと開いた。

振り返ると、そこから出てきたのは父親だ。

「あれ？　いま……外からこなかった？」

「いや……？　ずっと家にいたよ」

そう父は言う。じゃあ一階のは？　と不審に思い降りていくと、もう一階のトイレには誰もいなかった。

この出来事があってから途端に、この家はおかしくなったそうだ。

シンプルに家中からラップ音が鳴ったり、足音をよく聞いたり、そうした現象が非常に多くなった。個別の例を挙げればきりがないほどに頻発するようになったが、そのなかで一番怖かったのが、一階から二階に上がる階段だ。

途中に駐車場側を向いた窓があるのだが、そこから覗くとお婆さんが見えるのだ。

黄色い乳母車をひいたお婆さんが、駐車場にいる。明らかに普通の人と違う、絵画のように微動だにしない。

見えるのは数秒だけで、目を離すと消える。

ただ、どんなタイミングであっても、階段を上りながら窓から駐車場を見ると、必ず見えるのだそうだ。

Rさんはこれが怖くて仕方なく、階段を上るときはなるべく窓を見ないようにしていた。

ある夜、Rさんは隣の美容室に忍び込んでいた。

思春期である。家族に内緒でエッチな動画や画像を見たい年頃だ。しかし、Rさんの家にはパソコンがなく、携帯電話で見ようにも当時はパケット代が高かった。だが、美容室にはパソコンがあったので、Rさんは家族が寝静まった頃に静かに玄関に行って美容室の鍵を取り、外に出て、そのまま美容室のパソコンで動画などを見ることがあったのだ。

その日の夜も、いつも通り美容室に行こうと思い立った。

みんなが寝静まった頃、こっそり玄関に行って鍵を取り、静かに玄関扉を開けて外に出る。

隣の美容室に行き、鍵を開ける。

ドア開けると、すぐ目の前はアコーディオンカーテンで遮《さえぎ》られている。

それも開けてから店内へ入り、すぐに入り口の鍵とカーテンも閉める。

これでもう誰も入ってこれないし、外からも気づかれない。

この入り口のすぐ目の前にパソコンが置かれていた。

パソコンを起動して、一時間ぐらいネットサーフィンをしていたとき——

ガチャッ！　ギイイイ……

という音が、急に後ろから聞こえた。

入り口のドアが開く音だ。

（やば……、誰か入ってきた！）

と思ったと同時に、すぐにおかしいと気づく。

だって鍵は閉めたはずなのに……！

なんでと思いつつ振り向くと、カーテンがサッと少しだけ開いて、その隙間からお婆さんがじーっとこっちを見ている。あの駐車場にいたお婆さんだ。

そのわずかな隙間から首をグググーッと伸ばしてきて、自分に向かって、

「あたしのお母さんはどこぉ？」

と聞いてくる。

「へ……？」

「あたしのお母さんはどこぉ？」

「いや……わかんないです」

Rさんがそう言うと、首をすっと引っ込めて入り口から出て、あの黄色い乳母車を引

きながらどこかに去って行った。

この出来事があって以来、階段の窓からお婆さんの姿を見ることはなくなった。

しかし——

今度は四十代ぐらいのサラリーマンが、その駐車場で静止している状態で見えるようになった。

（あれ？　じゃあ、いつか俺、このサラリーマンの人にまた、怖い感じで会うのかな？）

お婆さんの出来事があったので、そう思った。だが、家を出て上京するタイミングと重なったそうだ。

「だから、あのサラリーマンには怖い感じで会ってはないんですけど、あの窓から見える存在って、いったいなんなんでしょうか？」

帰れないデート

僕が勤めている怪談BARスリラーナイトにて数年前に聞かせて頂いたお話。

あるとき、キャバクラで働くシオリさんがご来店された。

僕が怪談を語り終えたので、その方が座っているテーブルへ挨拶に伺った。

「ありがとうございました。楽しんでいただけましたか?」という会話をしてから、お決まりの「お姉さんも怖い体験とかしたことありますか?」と聞いてみる。

「私、一日だけ体験があるんですよね」そう言って語ってくれた話だ。

五、六年前のこと。当時、彼氏と神奈川・小田原のほうまでドライブデートをしたことがあった。ただ、シオリさんいわく、あんまり面白いものではなかったらしい。
もうあたりもすっかり暗くなってきて、そろそろ帰りたいと思っていたところに、彼氏が「どうする？　もう帰る？」と聞いてきた。

うん帰る。

当然そう言おうとした。

にもかかわらず、なぜか口から「お城に行きたい」という言葉が出た。

「え？」と、彼氏が不思議そうな顔をしている。

自分もなぜそう口走ったかわからない。

だが、やはり口からは「お城に行きたい」という言葉しか出ない。

「じゃあ……小田原城に行こうか」そういう流れになり、小田原城に向かった。

城近くの駐車場に車を停めて城内に入るも、夜なので最低限のライトしかついておらず、とても暗い。

そのまま小田原城の敷地内をぐるぐると歩く。自分から「お城に行きたい」とは言ったものの、自分の意志ではない。用事なんかあるわけもなく、ただぐるぐると歩くばかり。本当に早く帰りたい、と思った。

そのまま歩いているうちに、少し奥のほうへ入り込んだ。

彼氏と二人して「あれ？　どこから来たっけ？」と一瞬わからなくなった。

どうしようと思ってると、そこをたまたまランニングしているおじさんが通り過ぎて行った。

「あ、あの人に着いていけば、たぶん外には出られるんじゃないかな」

と彼氏が言ったので、二人でそのおじさんを小走りで追う。

どんどん先に進んでいくおじさんの後ろを着いていくと、小道に入る角を曲がって見えなくなってしまった。

すぐに二人も角を曲がる。

すると、そこは行き止まり。

おじさんもどこにもいない。

小道には何かの石碑が立っていた。

「うわ、なにこれ!」と恐怖に駆られた二人は、石碑を確かめることもなく、無我夢中でもとの道を走った。走り続けると、外に出られ、駐車場にも戻ることができた。急いで車に乗り込み、

「何あのおじさん!　怖かったー」

「そうだよね。急に消えて怖かったよね」

とようやく緊張の糸が切れて安心感が湧いてきた。

「で、このあとどうする?」

と彼氏が聞いてくる。

(いや、この期に及んでなんでそんなこと……。帰りたいに決まってるじゃん)

そう思い、「帰ろう」と言いかける。すると、なぜか今度は、

「海に行きたい」

という言葉が自分の口から出てきた。

彼氏はびっくりしているようだ。当然、自分もびっくりしている。

だが、言葉を取り消すこともできない。意志に反して、ずっとその言葉を言ってしまう。

「じゃあ……海に行こうか」となり、彼氏がカーナビに近くの海水浴場を入力し、そのまま向かうことになった。

そのあいだ、とくに会話もない。

(なんで海に行きたいなんて言ったんだろう?)

そう思っているうち、車はナビに従ってどんどん海に近づく。

ただ、不思議なことに、確かに海に近づいてはいるのだが、明らかに海水浴場ではない。海岸沿いの道路なのだ。なぜここに向かっているのだろうか。すると、

『目的地に到着しました。ナビを終了します』と言ってナビが切れた。

「え？　ここ海水浴場じゃないよね」と疑問を口にしながら、いったん車を停めてドアを開けて外に出ると、そこに花が手向けられていた。

事故現場だったのだ。

「うわぁぁ！」と二人して叫びながら急いで車に戻った。

さすがに怖くて仕方がない。だが、ここで彼氏がまた、「で、このあとどうする？」と聞いてきた。

おそらく彼氏もおかしくなっている。この言葉もシオリさんと同じように自分の意志で発しているわけではないのだろう。

「で、このあとどうする？」彼氏もまた、何度も同じことを言う。

シオリさんも帰りたくて仕方がないのに、また自分の口から、

「ちゃんと海に行きたい」

という言葉が出た。

「じゃあ、ちゃんと海水浴場に行こうか」と、行くことになった。

このデートがまったく終わらない。帰りたいのに、帰れない。


そしてまたナビに海水浴場を入力して新しくルートが再構築された。進んでいくと、一度左折して、さらにもう一度左折。さらにもう一度左折して、最終的に——

自分たちがさっき来た、事故現場に戻ってきた。

あまりの恐怖に「帰りたい！」と、そこで初めて言えた。すると彼氏も、

「そうだよね！　帰りたいよね！　いや、俺もずっと前から帰りたくて！」

「そうだよね、早く帰ろ帰ろ！」

と途端に、帰りたい意志を伝え合うことができ、ようやく帰ることができた。


シオリさんの家まで彼氏は送ってくれた。

ただ、彼氏が帰ったあとが心細い。

あんな怖い体験をしたあとなのだ。家に入ってからも、とりあえず電気を点けるだけ

点けて、カーテンも全部閉め切って、テレビも点けた。それでもまだ怖かったので、友だちに電話をかけた。

「どうしたの?」

「いや、今日怖いことあってさ」

と、今日あったことを話していると、

「ちょっと待って」と友だちに遮られた。

「なに?」

「テレビかな? なんか笑い声うるさいよ」

テレビを見ると、バラエティ番組が流れていた。これが原因かと思い、電源を消す。

「早く消して」

「いや、消したよ?」

「え、だってまだ笑い声聞こえる……」

「いや、消したけど……」

と言いつつテレビを見る。電源を落としたので当然画面が暗く、鏡のようになっている。反射して自分がぼんやり映っている。見ていると、あることに気がついた。

自分の真後ろにある窓、先ほど閉めたはずのカーテンが全開になっている。

ゆっくり振り返ってみると、その窓に女がべちゃっと顔を貼り付けて、こちらを見ながら、笑っている。

しかし、なぜかその笑い声は聞こえない。

「ほら！　すごい笑い声聞こえるよ！」

絶句して固まっていると、友だちから電話越しに言われた。

シオリさんはそのままトイレに逃げ込み、半ばパニックのようになりながら、

「ねえ、ちょっと！　怖いことあるから早くこっちに来て！　迎えに来て！　迎えに来て！」

と、友だちに迎えに来てもらい、その晩は友だちの家に泊まった。

次の日に自宅へ戻り、しばらくはでびくびくしながら過ごしていたが、それ以降は何もなかったという。

「伊山さん、私不思議なんですよね。なぜだかわかるんです。

あのとき体験した、小田原城で見たおじさんと、海の事故現場。そしてあの……窓で

笑ってた女。

たぶん、みんな別々の存在。別々の現象だと思うんですよね。それはなぜだかわかるんです。

一日で全部それを、なぜか自分は体験してしまったんです。

でもそれ以降、なんの体験もしてないんですよね。

なんであの日に集中したのか、いまだにわからないんです」

その日の小田原に怪奇現象が頻発するような、何か特別なきっかけがあったのか。いまだに真相はわからない。

トラウマのニュース

二〇二二年一月に聞かせて頂いたお話。

僕が勤めている怪談ＢＡＲスリラーナイトに四人組の男性のお客様がいらっしゃった。

住んでいるところは別々だが、同じラジオのリスナーであるつながりからネットで仲良くなり、以来十年くらいの付き合いらしい。

いまになってみんな怪談好きということが判明しお店に来てくれたのだ。

みんな僕と同年代だということもあり、お店で楽しくしゃべっていた。

そのなかのひとりであるイトウさんが体験談を話してくれた。


イトウさんが五歳の頃のこと。

いつも九時に幼稚園の送迎バスが来ていたので、イトウさんのお母さんはいつも八時前に起こしてくれていた。そのままテレビでポンキッキを見ながらご飯を食べ、支度してバスに乗るというのがいつものルーティンだった。

ポンキッキは当時、八時にはじまって八時半には終わる。その後はニュースが流れるので、そのニュースをいつもぼんやりと見ながら着替えて送迎バスを待っていた。


ある日のこと。

ポンキッキを見終わったあと、支度しながら惰性でニュースをなんとなく見ていると、違和感を覚えた。

いつもと違うキャスターの男性がしゃべっている。さらに、後ろのセットの雰囲気もどこか違うようだ。

いつもと違うことに首を傾げていると、そのキャスターの男性が突然——

「ねえ、君。僕の声、聞こえてる？」

と、画面から話しかけてきた。

イトウさんは当然、ギョッとする。

「ねえ、聞こえてるよね？　なんで無視してるの？　君に向かってしゃべっているんだよ、君に」

「……僕？」

「そうだよ」

自分のことなのか訊き返し、キャスターの人と会話をした。

そのとき、テレビの近くには誰もいなかった。お母さんは家事をしている。

イトウさんが動揺しているあいだも、キャスターはずっと話しかけてくる。

細部は思い出せないが、子どもにはわからないような難しい言葉だった。

「わからないから、お母さん呼んでいい？」

「ダメだよ、お母さんなんか呼んじゃ」

そして画面の向こうの男は、依然としてブツブツと難しいことを話す。

耐えきれなくなったイトウさんは「お母さーん！」と呼びに行った。

すぐにお母さんは来てくれて、「なに？」と言うので「この人が話しかけてきて」と、テレビ画面を指差すと、もうキャスターの男性は普通にニュース原稿を読んでいる。

イトウさんは必死に「ね、さっきみたいに話しかけてよ！」とテレビに向かって話しかけるも、キャスターは応えてくれない。

お母さんは「なにやってるの？　ふざけてるの？」と、さっきの出来事を信じてくれない。イトウさんは当時、よくふざけているひょうきんな子どもだったそうだから、なおさら信じてくれなかった。

「ちょっと忙しいからまたあとでね」と言ってお母さんは離れた。

お母さんが部屋から去った瞬間——

「お母さんを呼ぶなって言っただろ」

またキャスターが話しかけてくる。

「なんでお母さん呼んだんだよ。なぁ、なんでお母さん呼んだんだよ」

イトウさん怖くなり、思わずテレビの画面をリモコンで消した。

消える瞬間、断末魔のような声が響いた。


時が流れてイトウさんが高校生になった頃。

当時、モバゲーというＳＮＳが流行っていた。

イトウさんはこのときから怪談にハマっていて、モバゲー内の怪談コミュニティに入った。

すると、「みんなの体験談を話し合おう」というような掲示板を見つけた。掲示板を見ていたら、「私、小さい頃にテレビのキャスターに話しかけられたことがあって……」という書き込みを発見した。同い年の女の子が書き込んだようだ。

僕はこのイトウさんの体験談を、ＹｏｕＴｕｂｅで話した。すると、視聴者の方からこの話についてＳＮＳにメッセージをいただいた。その内容は、Ｋさんという女性が幼少期、ポンキッキを視聴中に出演者に話しかけられたことがあるという。イトウさんと非常によく似た体験談だったのだ。

Ｋさんは両親が共働きだったため、保育園の通園バスへの送り迎えは祖母にしてもらっていた。

ある日、祖母は通園時間近くになってもうとうとと居眠りをしており、Ｋさんはというとポンキッキに夢中で気づかなかった。

すると出演者の女性がいきなり「おばあちゃん起こさないと！」と話しかけてくる。

「私に話しかけてるの？」と聞くと「そうだよ！　バスに乗れなくなっちゃうよ！」と

言われたという。

Kさんはその女性の言う通りに祖母を起こし、遅刻することなく無事に通園できた。

その夜、Kさんが母にこの話をしたところ「その出演者が好きだからそう聞こえたんだね」と軽く流されてしまった。

Kさんは子どもにはありがちな妄想かと思い、いままで気にしないどころかむしろ忘れていたのだが、僕の話を聞いて思い出したそうだ。

幼少期にテレビの人から話しかけられるという出来事。

じつは想像していたよりもさらに多くの人が体験しているのかもしれない。

笑い声の正体

僕がいま勤めている怪談ＢＡＲスリラーナイトでは、働くスタッフの子にも怪談好きが多い。

そのなかにひとり、ハナちゃんという子がいる。

まだ若い女の子で、生まれと育ちは北海道。そんなハナちゃんはやはり大の怪談好きで、前職は少し特殊で北海道でアダルトビデオの撮影手伝いのような仕事をしていた。

その前職時代に忘れられない話を聞いたのだという。

あるとき、制作会社の方が次に撮影する女優さんが見つからず困っていたと。

作品はコンスタントに出さないといけないが、撮影場所が北海道ということと、かなり過激な内容というのが重なり、なかなか人が見つからなかった。

困った制作会社はチャットレディと呼ばれる、配信でエッチなことをする素人の女の子を女優に使うことに決めた。

選ばれたのはA子さん。

撮影当日、手伝いで現場に入っていたハナちゃんは現場入りしたA子さんを見て、すごく明るい方という印象を持った。よく笑う女性で、そんな自分の笑い声が好きだというA子さんの雰囲気に現場も明るくなる。

やがて撮影がはじまり、しばらく経って休憩になった頃、ハナちゃんはA子さんに話しかけた。

というのもハナちゃん、怪談師の方が「怖い話ありませんか?」と人に取材するのに憧れていて、自分もそれをしてみたかったそうだ。明るいA子さんには話しかけやすかった。

「私、怖い話が好きなんですけど、A子さんってそういう話とか持ってますか?」

「怖い話? 一個だけありますよ!」と、明るく答えてくれた。

ただ、その内容がA子さんの明るいキャラクターとはかけ離れた、暗く、重いものだった。

A子さんは幼少時、父親のいない家庭で生まれ育った。

母との二人暮らし。その母親から常習的に虐待を受けていた。

ご丁寧にも「虐待部屋」なるものがあって、そこで母親からいつも理由なく殴られる。

母親が殴り疲れて寝ると、やっと解放される。

そんな地獄のような毎日の繰り返しだった。


ある日のこと。日中、母親に虐待部屋へ連れ込まれ暴行を受ける。やがて母は殴り疲れて寝たが、その日はA子さん、痛みが酷くてなかなか立ち上がれなかった。

思考も視界もぼんやりしているなか、何気なく窓のほうを見ると、あることに気がついた。

ベランダに、知らない女性が立っている。

誰だろう？　と思っていると、その女性は窓を開けて部屋に入ってきた。

「え？」と思ったのも束の間、その女性は自分には目もくれず殴り疲れて寝ている母親の首を絞めはじめた。

それを見たA子さんは、こう思ったそうだ。

――ああ! やっと母親死んでくれる!

やがて、意識を失った。


目を覚ますと病院のベッドの上だった。

辺りを見回すとたくさんの警察官がいて物々しい雰囲気だ。

そのなかのひとりの警察官が、目を覚ましたA子さんに気づき、状況を説明してくれた。

A子さんの母親が殺され、いまだ犯人が見つかっていない。A子さんも傷だらけなので同じ犯人から暴行を受けたか知りたい、などを聞かされた。

――ほんとに死んでくれたんだ……。

母親に対して、A子さんはそうとしか思わなかった。


親戚に引き取られたA子さんは、明るく活発な大人になるまで成長することができたと。

ただ、あの日の出来事を思い返すと、あることに気づいた。

あの日、母親を殺してくれた女性――彼女は笑いながら首を絞めていたのだ。

その笑い声が、成長したいまの自分の笑い声と、まったく一緒だったそうだ。

「だから私いつか、幼少時の自分を助けに母親を殺しに行くんです！」

そうA子さんは明るく言い放った。


やがて撮影が終わり、現場は解散となった。

ハナちゃんは日が経つにつれ、A子さんから聞いた体験談が頭を離れず、もっと詳しく聞きたいと思うようになった。撮影から数ヶ月後、どうしてもA子さんにまた会いたくなったハナちゃんは、制作会社の方に聞いた。

「またA子さんを使って撮影することはありませんか？」

すると、制作会社の方はとても渋い顔をして言う。

「もうA子さんの撮影はできない」

「どうしてですか？」

「A子さん、自殺をしたんだ」

いきなりの情報に取り乱しながら、なぜ自殺をしたのか、あの話はいったいなんだったのか、ハナちゃんは考えた。
すると、ふと思ったそうだ。
――ひょっとして、助けに行ったのではないか。
なぜそう思ったかわからない。根拠すらない。
だが一度そう考えたら、そうとしか思えなくなった、とのことである。

ひとりかくれんぼ

この文庫を読んでいる方も、きっと怪談が大好きだと思う。もちろん、僕自身もそうだ。小学校のときから、放課後はいつも怖い話をして過ごしていた。僕はもともとそういう子どもだったのだ。

これは、中学に上がっても一緒だった。

放課後はほとんどずっと怖い話をしていたのだが、中三ともなると、さすがに少し問題が起こる。

どのような問題かといえば、話すネタが尽きてくるのだ。

ずっと怪談をしゃべっているわけだから、いまさらもう怖い話なんかない。

どう頑張っても盛り上がらない、それが中三の頃の放課後だった。

これはそんな頃に聞いた話である。

ある日の放課後、いつもの怪談好きのメンバーが集まって、怪談や怖い話がはじまる。イマイチ盛り上がらない。みんなどっかで一回は聞いたことある話だ。なんだかなあと思っていると、ひとりが突然「ね、知ってる？」と言い出した。

「何？」

「確実に霊体験を起こす、そんな方法があるんだよ」

そう言ったので、久々に興味を持った。

「何それ？」と訊くと「ひとりかくれんぼって知ってる？」と言われた。

僕は当時、知らなかった。「何それ？」ともう一度訊くと、幽霊を呼ぶ儀式だという。

いわゆる降霊術というやつだ。有名なのはこっくりさんがある。

だが、こっくりさんと比べて確実に霊が出るのが「ひとりかくれんぼ」だと熱弁された。

ただ、その「ひとりかくれんぼ」とやら、やるのが結構面倒くさい。

色々と細かいルールは違うけれど、僕が当時聞いたのは、どうやら夜中の三時にまず家にひとりでいることが条件だという。

なおかつ電気を全部消して、真っ暗にする。

でもテレビだけはつけておく、これが唯一の明かりだ。

ほかにも、はじめる前にぬいぐるみを用意して、そのお腹を切って中から綿を取り出して、代わりにお米を詰める。

そこに血とか爪とか髪の毛とか、自分の身体の一部を入れておく。

入れたあと、切ったところは赤い糸で縫っていって、このぬいぐるみを風呂場だとか水場に持っていって水に浸《ひた》す。ここまでが準備だという。

「それからは？」と訊くと、

「これからひとりかくれんぼをはじめます。まず私が鬼、私が鬼、私が鬼、と三回言ってから、そのぬいぐるみを探すふりして、見ーつけた、そう言ってそこに包丁をブスッと刺す。次はあなたが鬼、あなたが鬼、あなたが鬼、と三回言う。これがスタートなんだ」

そんな儀式、聞いたこともない。気持ち悪い。

そう思った僕が、「それは何をもって終わるの？」と訊くと、「かくれんぼだから、ここから隠れる」と言う。

隠れる場所はどこでもいい。隠れて二時間が経って早朝五時になったら、隠れたところから出てきて、塩水を口に含む。そして、さっき刺したぬいぐるみのところに戻り、口に含んだ塩水をブシャーってかける。そして、私の勝ち、私の勝ち、私の勝ち、と三回言う。

これでおしまい。

簡単に言うと、夜中の三時にぬいぐるみに包丁を刺す、二時間隠れる、二時間経ったら塩水をかけに戻る。この、隠れているあいだに絶対に何かが起こる、そういう降霊術だという。

「どう、やってみない?」

そう言われて、「やろう、やろう」と盛り上がったものの、すぐにできないと思った。

僕らはまだ中学生なのだ。もちろん、実家暮らしである。

つまり、夜中の三時に家にひとりでいる、という最初の条件からクリアできなかった。

ああ、結局できないじゃん……。

と思い、皆がしらーっとしていると、タケダという友人がポツンと「俺やるわ」と言った。

「できるの?」

「ああ。俺んち母子家庭なんだ。明後日、お母さん帰ってこないんだ。弟連れてどっか行ってさ、その晩はひとりぼっちなんだ。だから暇だし、それやってみるよ」

そう言うので、また盛り上がった。

「え、携帯持ってるよね？　メールで実況してよ！」と言うと「ああ、いいよ」と約束取りつけた。


当日。僕や友だち、みんながワクワクしている。

タケダからの実況が楽しみなのだ。

夜中の三時になったらメールが来た。

「いまからはじめるよ」「全部準備終わらせて、包丁も刺したよ」

「どこに隠れるの？」と送ったら、

「ありがちだろうけど、いまから押し入れのなかに隠れる。何かあったら連絡するね」

でも、それっきりメールが来ない。

何かあったのだろうか。タケダのことが心配になった。

それとも、何も起きないから送らないのかな、どっちなんだろう？

僕はどんどん不安が大きくなった。

思わず「おい、大丈夫か？」とメール送ったら、意外にもすぐタケダから返事が来た。「大丈夫、なんにも起こんないんだ。だからメールの実況のしようがなかった。本当に幽霊来るのかな」というのんきな内容だ。

（なんだ、よかった）と安堵したと同時に、急につまらなくなった。

（そりゃそうか、簡単に幽霊なんか来るわけないか）

そう思ったら、とたんに眠たくなってきた。それはほかの友だちも一緒で、みんなそのあとはすぐ寝てしまった。

翌朝のこと。起きて携帯を開いたら、焦った。

信じられないくらいの数の電話とメールが来ている。

誰？　と見ると、それが全部、タケダからだった。

あのあと何かあったんだ。悪いことしちゃったな、かけ直そうかな。

そう思ったけれど、やめた。この日も学校があったので、いつも通り放課後に聞けばいいやと思ったのだ。今日は絶対に盛り上がるだろうとわくわくした。

そんなことを考えながら学校に行くと、タケダの後ろ姿を見つけた。

「おい、タケダ」と声をかけるけれど、振り返らない。

「タケダ、昨日何があったの？」

そう言っても無視されて「タケダ、ちょっと待ってよ」と、肩をつかんでこちらに振り向かせる。すると、
うわっ！　と僕はひるんでしまった。

一瞬、別人かと思った。そのくらい、タケダは一晩で顔はゲッソリ痩せこけ、目の下には隈《くま》ができて、顔色が悪い。

「何があった？」と訊くが、タケダは黙ってスーッと席につく。

授業が始まったが、タケダは授業なんか聞いていないようで、何かに怯えるようにずっと震えていた。

放課後になって、みんなが集まった。

「タケダ、昨日何があったの？」

震えて答えない。

「タケダ、なんか言って。タケダ、何があったんだ⁉」

すると、やっとひと言、絞り出すように言う。

「あれ……やっちゃだめだ」

「ひとりかくれんぼのこと？　昨日何があったんだ？」

タケダはポツポツと語りだした。昨晩、何があったのか――。

「夜中の三時にひとりかくれんぼやったの、知ってるよなぁ？　電気を全部消してさ、テレビだけつけて、ぬいぐるみ用意して中身を入れ替えて……それを風呂場に持っていって、水に浸して包丁刺した。……そのあと俺、押し入れのなかに隠れたけどさあ……お前ら寝たろ？」

そう言われて、みんなゾッとした。

なぜなら怖かったのだ。何よりタケダ本人がいつものタケダではない。

「ごめん。でもさ、お前がなんにも起こんないって言ったから」

そう言うと、「別にもうそれはいいんだ……。じつはさあ、俺も寝ちゃってさぁ……」

と、何を隠そうタケダ本人もつまらなくて、途中で寝てしまったらしい。

だが、タケダはみんなと違って布団で寝ているわけではなく、押し入れのなかにいる。狭いし、ぎゅうぎゅう詰めだから「寝たはいいものの、すぐ起きちゃった」らしい。

（いま何時だろう？　暗くてわかんない。ええっと……）

手探りで携帯を探り、見つけた。

開くと時間は四時十分だった。

（ああ、三時から五時までだよなあ。時間内に起きられてよかったぁ）

――あれ？

部屋に違和感があったのだという。

「だってお前、押し入れのなかにいるんでしょ？　なんで違和感なんかわかるの？」

そう僕たちが訊くと、「音がした」とタケダは言う。

「音？」

「うん、どんな音かっていうとさ、家中にさあ、ザアアアア……って音が響いてる。何これ？　って思って……」

ザアアアア……ザアアアアア……

（ああ。あの音か）

タケダは押し入れのなかで一瞬、安心した。

この音は、つけっぱなしのテレビ――唯一の明かりの、そのテレビが砂嵐になっている。そのノイズの音が家中に響き渡っているのだ。

（へえ、なんかテレビが変なふうになってる。ああこれ、霊現象なのかなあ。じゃあメールしないと）

そう思った瞬間、音の感じが変わった。

ザアアアア……プツ、ザアアアアア……プツ、ザアアアアア……プツ……

勝手についたり消えたりしている。

なぜだと疑問に思いながら耳を澄ましていると、タケダはあることに気づいてしまった。

ザアアアア……プツ、ザアアアア……プツ、ザアアアア……プツ……

これは、テレビが勝手についたり消えたりしているわけではない。

誰かが、つけたり消したりしているのだと。

そう気がついた途端、襖の向こうに人の気配がした。いま誰かが家のなかにいる。その誰かが、ずっとテレビの電源ボタンを押している。

ここで初めて怖いと思った。

そこでみんなに電話やメールをしまくった。しかし誰も出ないし、誰からもメールが返ってこない。

（ああ、どうしよう！　みんな寝ちゃってるんだ。俺ひとりだ。助けを呼べない！　え、どうしよう！）

ザアアアア……プツ……。

突然、テレビが消えて、部屋が急にシーンと静かになる。

（ああ、どうしよう。もう電話かけられない。だって何かがいるから、そいつに音でばれるから。どうしよう）

スー……

何か別の音が聞こえてきた。

（なんだこれ？　さっきまで聞こえてない）

ススス――……と、音の感じが変わった。

（音が大きくなった？　いや、違う違う。これ、音は大きくなってない。音のほうから近づいてきている……！　でも、なんの音だ？　何かをこすってる音？　なんだ？畳？　え、畳ってことは……）

隠れている場所は押し入れである。その外側は、当然和室だ。

その畳の上を、何かが這いつくばりながら移動している、その音だと気がついた。

ススス—…と、音が近づいてくる。

（ああ、場所がバレてる！）

どうしようと思い、そこでまた電話やメールをするも、やっぱり誰も出てくれない。

ススス—、スススー……と、どんどん音が近づいてきている。

（やばい、やばい、やばい）

外から開けられると思ったタケダは、裏から襖を必死で押さえた。

（開けるなよ、開けてくるなよ！）

スー……　音はとうとう、襖のすぐ向こう側まで来た。

ひときわ力をグッと入れていたが、いつまで経っても開けてはこなかった。代わりに、
ガヒッ、ガヒッ……

引っ掻いている。

（どうしよう、頼む、どっか行ってくれ、どっか行ってくれ。やめてください、もうやめてください）

と、タケダはそのままずっと押さえ続けた。

五分くらい経っただろうか、急に引っ掻く音がやんだ。

（あ、助かったかな？）

だが、助かっていないのだ。終わらせていないから。

（ええと、どうやって終わらすんだっけ？　ああそうだ、塩水だ。塩水はここにあるから、これを口に含んで風呂場に行って、ぬいぐるみにかければいいんだ）

でもそれが怖くてできない。外側に何かがいるのだ。

（いま何時だろう？）

携帯を開いて時間を確認すると、四時三十分だった。

（ええ、どうしよう。五時まであと三十分しかない。これ、五時に終わんなかったらどうなるの？　訊いておけばよかった、でもみんな寝ちゃってるし、どうしよう……）

悩んだ末に、こう思った。

（いま、明らかに引っ掻かれなくなって、気配がなくなった。ってことは、終わらせるチャンスって、いましかないのかもしれない）

たとえどんなに怖くても、所詮は家のなかだ。

（風呂場に行ってぬいぐるみに塩水をかける、こんなこと走ったらすぐに終わる。もうこのまま勢いで終わらせよう、終わらせよう、終わらせよう）

そこで初めて勇気を持って、押し入れを開ける。すると——

部屋が真っ赤だった。

「なんで？」

僕たちは前のめりになって訊いたが、タケダはぼんやりと言った。

「いや、俺もわかんない。わかんないんだけどさあ、俺、確かにはじめる前に全部の窓を閉めたんだよ。カーテンも閉めた。

なのにさあ、押し入れを開けたら、全部のカーテンが全開になっててさ、窓の向こうから赤い光がこっちを照らしてるんだ。

最初は車のバックライトかと思った。でもそんなんじゃない、そんなんじゃないんだよ。よくわかんない赤い光がさあ、部屋中を真っ赤に染めててさ、それが怖くてさあ……。

全部の窓からなんだよ、家が赤い光に囲まれてるんだ。

早く終わらせないと、そう思って塩水持った瞬間、どこかのドアがギギギギと開いて……」

ドドドドドドドド……

誰かが歩き回っている。

(あ、やっぱ誰かいる)

そう思って押し入れを閉めた。

終わりたいのに終われない。風呂場まで行けなかった。

また押し入れのなかで電話やメールをするが、やはり誰も出てくれない。

本当に怖かった、本当に気持ち悪い、本当に寂しい。

でもどうすることもできないから、ずっとガタガタガタガタと震えるしかない。

時間だけが過ぎていく。

とうとう四時五十分になった。

あと十分しかない。でもやっぱり怖い、終わらない、どうしよう、どうしようと悩んでいるうちに、四時五十七分になった。

残り三分。

タケダはここでもう一度考えた。

(どっちみち五時に終わらなくて、このまま怖い状況が続くかもしれないんだったら、じゃあちゃんと終わらせよう。風呂場に行って、ぬいぐるみに塩水かけて終わらせよう。この間に何が起ころうが、どんなものに出くわそうが、全部無視しよう。どうしたって怖いんだったら、ちゃんと終わらせよう、終わらせるんだ）

勇気を持って、また襖をガッと開けた。

部屋は真っ赤なままだった。

絶対、終わらせるぞ！

そう決意して、塩水を口に含んで押し入れから出た。

そうしたら、何も起きなかった。なんにも出くわさなかった。

さっきまでの怖い気配がウソみたいに穏やかだった。

（なんだ、終わろうと思えば簡単に終われたんだ、よかったあ……。やっと終われる、やっと終われる）そう安心しながら、風呂場へ行って扉をガラーと開けた。

しかし、そこにぬいぐるみがない。

まだ終われない。

気づいた瞬間、またテレビがザーとつきはじめて、そちらを見るとドアが次々にギー、ギーと開きはじめて、ドッドッドッ、とたくさん足音がしだした。

しかしタケダには、何も見えなかった。それでも、たくさん何かに囲まれて、そいつらが自分のことじいっと見ていることは感覚でわかった。

逃げたい。でも逃げる場所なんかない。

外に行ったって、赤い光に囲まれている。タケダは赤い光に捕まると思った。

どうするか考えた末、もう一度、さっきまでいた押し入れのなかに隠れようと考えた。安全な場所はそこしか思いつかなかった。

タケダは押し入れに向かって走った。

部屋ではいろいろなことが起こっている。テレビも鳴っているし、視線も感じる。足音もする。とにかく怖い、隠れたい、その一心で走っていって、さっきまで自分のいた押し入れに行く。

すると、なぜか襖が閉まっている。その襖をガッと開けたら――

そこにぬいぐるみがあった。

なぜか丁寧に包丁も抜かれて、ぬいぐるみの横に置いてあった。

（いつここに？　誰が？）

そう思いながらも、ぬいぐるみに口に含んだ塩水をブシャーとかけると、

「私の勝ち、私の勝ち、私の勝ち」

そう三回言った瞬間、赤い光が消えた。

「そこから何も変なことは起こってないんだけどさあ、ずっと怖くてさあ、ずうっと起きてるんだあ。もう家に帰りたくないんだあ……。ねえ、ふざけてやっちゃあいけない遊びってあるんだよ。ひとりかくれんぼってそれだよ……」

げっそりと痩せこけたタケダの表情が、誰よりも昨晩の壮絶さを物語っていた。

★読者アンケートのお願い

本書のご感想をお寄せください。アンケートをお寄せいただきました方から抽選で10名様に図書カードを差し上げます。
（締切：2023年11月30日まで）

応募フォームはこちら

実話奇談　異怪ノ門

2023年11月6日　初版第1刷発行

著者……………………………………………………………………伊山亮吉
デザイン・DTP　……………………………………荻窪裕司（design clopper）

発行人……………………………………………………………………後藤明信
発行所………………………………………………………………株式会社 竹書房
〒102-0075　東京都千代田区三番町８－１　三番町東急ビル６F
email：info@takeshobo.co.jp
http：//www.takeshobo.co.jp
印刷所……………………………………………………………中央精版印刷株式会社